# 跨境供应链管理及案例解析

马向国 刘同娟 余佳敏 著

化学工业出版社
·北京·

## 内 容 简 介

本书详细阐述了跨境供应链的相关概念和理论，归纳解析了跨境供应链典型应用案例。主要内容包括：供应链管理概述、跨境供应链管理概述、跨境供应链管理的类型和特征、跨境供应链的构建与设计优化、跨境供应链供应商选择研究及案例解析、跨境供应链运输方式选择研究及案例解析、跨境供应链风险管理研究及案例解析。

本书理论与实例兼顾，可为供应链管理、物流管理、物流工程、采购管理、跨境电子商务等行业的从业人员提供帮助，也可作为教材供高校相关专业师生学习参考。

#### 图书在版编目（CIP）数据

跨境供应链管理及案例解析/马向国，刘同娟，余佳敏著．—北京：化学工业出版社，2021.3（2023.2重印）
ISBN 978-7-122-38459-1

Ⅰ.①跨… Ⅱ.①马… ②刘… ③余… Ⅲ.①供应链管理-案例 Ⅳ.①F252.1

中国版本图书馆CIP数据核字（2021）第026048号

---

责任编辑：贾　娜　　　　　　　　　文字编辑：林　丹
责任校对：王　静　　　　　　　　　装帧设计：张　辉

---

出版发行：化学工业出版社（北京市东城区青年湖南街13号　邮政编码100011）
印　　装：北京盛通商印快线网络科技有限公司
710mm×1000mm　1/16　印张12　字数203千字　2023年2月北京第1版第2次印刷

购书咨询：010-64518888　　　　　　售后服务：010-64518899
网　　址：http://www.cip.com.cn
凡购买本书，如有缺损质量问题，本社销售中心负责调换。

---

定　　价：58.00元　　　　　　　　　　　　　　　　版权所有　违者必究

# 前 言

随着国家"一带一路"倡议的深入推进,沿线国家之间经济合作和相互往来越来越频繁,依存度不断提高。同时,世界范围内的技术进步不断推进,交通运输和通信技术的不断发展,使得跨国经营更加便捷可行。越来越多的公司为了实现整体利益的最大化,将产业链转移到其他国家,从而促进了跨境供应链的迅速发展,跨境供应链的发展和布局也符合我国产业升级发展的趋势和方向。国家相继批准了一批高校设立供应链管理专业以及相关扶持政策的出台,也为跨境供应链的发展提供了难得的机遇与条件。

在此背景下,跨境供应链的研究越来越受到社会和企业的重视,得到企业管理者、广大学者、高校教师以及学生的青睐,跨境供应链管理也日益成为供应链管理、物流管理等专业的必修课程。我们针对市场对跨境供应链管理,尤其是跨境供应链供应商选择、运输方式选择以及风险管理等领域管理理论及实操方式的实用性需求,编写了本书。

本书在阐述跨境供应链相关概念和理论基础上,注重跨境供应链应用案例的解析。全书共 7 章,主要分为两大部分:第一部分介绍跨境供应链相关概念、理论,包括供应链管理概述、跨境供应链管理概述、跨境供应链管理的类型和特征以及跨境供应链的构建与设计优化;第二部分以应用案例解析为主,包括跨境供应链供应商选择研究及案例解析、跨境供应链运输方式选择研究及案例解析以及跨境供应链风险管理研究及案例解析。本书可为供应链管理、物流管理、物流工程、采购管理、跨境电子商务等行业的从业人员提供帮助,也可满足广大学者、高校教师、学生的学习需求,为读者解决工作以及学习中的类似问题提供借鉴。

本书由马向国、刘同娟、余佳敏著。德国巴登符腾堡州双元制合作大学 Armin F. Schwolgin 教授对本书的编写提出许多宝贵的意见。本书在写作过程中,还得到了陕西科技大学刘昌祺教授、清华大学刘丽文教授的指导,以及北京物资学院领导、同事的大力支持，在此一并表示感谢。同时感谢北京物资学院物流工程专业研究生马维、朱媛媛、吕超和刘强在本书写作过程中给予的协助。

由于时间仓促，加之作者水平和精力有限，许多内容未能完善和进一步深入，书中难免有疏漏之处，恳请读者批评指正。欢迎读者来信（电子邮箱 mxg105@163.com），进行更多的交流和探讨。

著　者

# 目 录

## 第 1 章 供应链管理概述

**1.1 供应链及供应链管理概念**    **002**
     1.1.1 供应链和供应链管理的产生背景    002
     1.1.2 供应链的概念    004
     1.1.3 供应链管理的概念    004

**1.2 供应链管理的产生和发展**    **005**
     1.2.1 供应链管理在国外的产生    006
     1.2.2 供应链管理在国外的发展    006
     1.2.3 供应链管理进入我国    007
     1.2.4 供应链管理在我国的发展    008

**1.3 供应链管理的主要类型**    **008**
     1.3.1 供应链分类    008
     1.3.2 效率型供应链管理    010
     1.3.3 响应型供应链管理    010
     1.3.4 风险规避型供应链管理    011

**1.4 供应链管理的最新研究发展及趋势**    **012**
     1.4.1 供应链管理的最新研究发展方向    012
     1.4.2 供应链管理的最新研究趋势    012

## 第 2 章 跨境供应链管理概述

**2.1 跨境供应链及跨境供应链管理的概念**    **015**
     2.1.1 跨境供应链及跨境供应链管理产生的背景    015
     2.1.2 跨境供应链的概念    018

2.1.3 跨境供应链管理的概念　018

2.2 跨境供应链管理与其他供应链管理的联系和区别　019

2.2.1 跨境供应链管理与国内供应链管理的联系和区别　019

2.2.2 跨境供应链管理与全球供应链管理的联系和区别　020

2.3 跨境供应链管理研究的意义　020

2.3.1 跨境供应链管理对世界的意义　021

2.3.2 跨境供应链管理对我国的意义　021

2.3.3 跨境供应链管理对"一带一路"倡议的意义　022

2.3.4 跨境供应链管理对国内企业的意义　023

2.3.5 跨境供应链管理对供应链管理模式的意义　024

2.4 跨境供应链管理的未来　024

2.4.1 跨境供应链管理的发展趋势　024

2.4.2 跨境供应链管理面临的机遇　026

2.4.3 跨境供应链管理面临的挑战　027

# 第 3 章

## 跨境供应链管理的类型和特征

3.1 跨境供应链管理的主要类型　030

3.1.1 根据跨境供应链范围分类　030

3.1.2 根据跨境供应链稳定性分类　031

3.1.3 根据跨境供应链中国企业的地位分类　032

3.1.4 根据跨境供应链不同的模式分类　033

3.2 跨境供应链的特点　035

3.2.1 中国主体性　035

| | | |
|---|---|---|
| 3.2.2 | 虚拟复杂性 | 035 |
| 3.2.3 | 高风险性 | 037 |
| 3.2.4 | 动态选择性 | 037 |
| 3.2.5 | 整体协调性 | 038 |
| 3.2.6 | 覆盖面广 | 038 |
| 3.2.7 | 高技术要求 | 038 |

**3.3 跨境供应链管理的特征** **039**

| | | |
|---|---|---|
| 3.3.1 | 合作博弈管理 | 039 |
| 3.3.2 | 与跨境电商共同发展 | 040 |
| 3.3.3 | 风险管理 | 041 |
| 3.3.4 | 以消费者为中心 | 043 |
| 3.3.5 | 信息技术支撑 | 043 |

## 第4章 跨境供应链的构建与设计优化

**4.1 跨境供应链的体系框架** **046**

| | | |
|---|---|---|
| 4.1.1 | 跨境供应链构建的实际原则 | 046 |
| 4.1.2 | 跨境供应链的基本结构 | 047 |
| 4.1.3 | 跨境供应链的流程 | 047 |
| 4.1.4 | 跨境供应链的主要活动 | 050 |
| 4.1.5 | 跨境供应链的网络结构 | 051 |

**4.2 跨境供应链中企业的角色** **053**

| | | |
|---|---|---|
| 4.2.1 | 制造商企业在跨境供应链中的角色 | 053 |
| 4.2.2 | 中间商企业在跨境供应链中的角色 | 054 |
| 4.2.3 | 零售商企业在跨境供应链中的角色 | 055 |
| 4.2.4 | 物流企业在跨境供应链中的角色 | 057 |

**4.3 跨境供应链的设计与优化** **058**

| | | |
|---|---|---|
| 4.3.1 | 跨境供应链相关理论 | 058 |

| | 4.3.2 跨境供应链设计的影响因素 | 060 |
| | 4.3.3 跨境供应链的基本设计步骤 | 061 |
| | 4.3.4 基于顾客的跨境供应链设计 | 062 |
| | 4.3.5 跨境供应链的优化 | 063 |

**第 5 章**
**跨境供应链供应商选择研究及案例解析**

| 5.1 | 供应商选择研究概述 | **068** |
| | 5.1.1 供应链中的供应关系 | 068 |
| | 5.1.2 供应商选择评价的意义 | 068 |
| | 5.1.3 供应商选择方法研究进展 | 069 |
| | 5.1.4 供应商选择常用方法 | 070 |
| **5.2** | **跨境供应链管理中供应商评价指标体系** | **072** |
| | 5.2.1 供应商评价指标体系 | 072 |
| | 5.2.2 跨境供应链管理中供应商评价指标体系 | 074 |
| **5.3** | **跨境供应链管理中供应商选择方法及案例解析** | **080** |
| | 5.3.1 用单一的层次分析法来选择跨境供应链中的供应商 | 080 |
| | 5.3.2 基于模糊数层次分析法的跨境供应商选择实例研究 | 083 |
| | 5.3.3 使用层次分析法/数据包络法综合评价法来选择跨境供应链中的供应商 | 092 |
| | 5.3.4 基于部门偏好用层次分析法/数据包络法综合评价法来选择跨境供应链中的供应商 | 094 |
| | 5.3.5 选择跨境供应链中的供应商时不同部门之间的博弈分析 | 097 |

## 第6章 跨境供应链运输方式选择研究及案例解析

6.1 跨境供应链运输方式分类　　101
　　6.1.1　公路运输　　101
　　6.1.2　海洋运输　　103
　　6.1.3　铁路运输　　106
　　6.1.4　航空运输　　108
　　6.1.5　多式联运　　110
6.2 构建层次分析法模型　　112
　　6.2.1　层次分析法模型概述　　112
　　6.2.2　利用层次分析法选择跨境供应商运输方式　　114
　　6.2.3　层次分析法选择运输方式优缺点评述　　116
6.3 基于模糊层次分析法的跨境供应链运输方式选择实例研究　　117
　　6.3.1　模糊层次分析法概述　　117
　　6.3.2　模糊层次分析法的应用过程　　118
　　6.3.3　模糊层次分析法的数学模型　　119
　　6.3.4　模糊层次分析法的建立　　120
　　6.3.5　基于模糊层次分析法的跨境供应商运输方式选择实例　　123

## 第7章 跨境供应链风险管理研究及案例解析

7.1 供应链风险概述　　134
　　7.1.1　风险的定义　　134
　　7.1.2　风险的特征　　135
　　7.1.3　供应链风险定义　　135
　　7.1.4　供应链风险的来源　　136
　　7.1.5　供应链风险管理　　137
7.2 基于SCOR模型的跨国制造企业供应链风险因素识别　　138
　　7.2.1　供应链运作参考模型　　138

|  |  |  |  |
|---|---|---|---|
| | 7.2.2 | 供应链运作模型流程要素 | 139 |
| | 7.2.3 | SCOR 模型的分层结构及应用 | 140 |
| | 7.2.4 | 跨国制造企业供应链外部环境风险因素 | 140 |
| | 7.2.5 | 跨国制造企业供应链内部风险因素 | 141 |
| | 7.2.6 | 跨国制造企业供应链合作风险 | 149 |
| 7.3 | 基于 BP 神经网络的跨国制造企业供应链风险评估 | | 150 |
| | 7.3.1 | BP 神经网络 | 150 |
| | 7.3.2 | BP 神经网络用于评估供应链风险的可行性分析 | 152 |
| | 7.3.3 | BP 神经网络模型的应用 | 153 |
| | 7.3.4 | BP 神经网络的供应链风险评价模型的建立 | 154 |
| 7.4 | 跨境供应链风险管理案例解析 | | 156 |
| | 7.4.1 | A 公司的基本情况介绍 | 156 |
| | 7.4.2 | A 公司的经营范围和基本情况 | 157 |
| | 7.4.3 | A 公司的供应链分析 | 157 |
| | 7.4.4 | A 公司供应链风险调研方案的设计与实施 | 159 |
| | 7.4.5 | 基于 MATLAB 的 BP 神经网络对 A 公司风险因素评估实现 | 163 |
| | 7.4.6 | A 公司跨境供应链风险管理 | 175 |

**附录　A 公司供应链风险调查问卷**　179

**参考文献**　182

# 第 1 章

## 供应链管理概述

近年来，许多企业将自己的部分业务外包出去，专心经营自己的核心业务。很多时候，一件产成品的原料供应是一家企业，零部件生产是一家企业，产成品总装又是另一家企业，而产品的分销、零售又是由不同的企业来衔接。因此，一个又一个的产业链网络形成，处在这些产业链网络中的企业组织逐渐开始关注到供应链，开始注重供应链管理。

## 1.1 供应链及供应链管理概念

### 1.1.1 供应链和供应链管理的产生背景

20 世纪 80 年代到 90 年代，供应链和供应链管理在欧美国家产生并快速发展。供应链和供应链管理的产生离不开一些主客观因素的推动，具体如下。

**（1）传统"纵向一体化"管理模式的弊端**

图 1-1 是"纵向一体化"管理模式和"横向一体化"管理模式的对比。

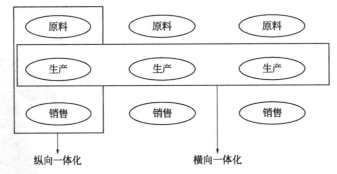

图 1-1 两种管理模式对比

如图 1-1 所示，某个企业处于某一个产业链的一个环节上，比如原材料采集加工、零部件生产制造、产成品最后组装、产品销售以及物流运输，等等。那么这个企业对同行业内其他属于与自己相同产业链环节的企业进行整合，我们称之为"横向一体化"；与此相对应地，企业沿着自己这个产业链整合自己上下游环节的企业，我们称之为"纵向一体化"。

以往，企业大多实施"纵向一体化"的经营管理模式。随着时代的发展，人们发现,"纵向一体化"的经营管理模式涉及的投资数额较大且资产专用性较强,加大了企业的退出成本;并且企业需要承担丧失市场时机的风险,还在每个业务领域都直接面临许多的竞争对手。于是,许多企业开始转变自己的经营管理模式,进行"横向一体化"的经营管理模式尝试。企业将一些非核心业务外包给其他企业或者转移给自己产业链的上下游环节企业,以此来集中精力发展自己的核心业务,并且争取和自己产业链的上下游环节企业实现合作双赢。在这种趋势下,产业链中的每个企业负责自己所擅长的业务环节,逐渐形成了越来越多的供应链网络,相应地,企业管理者和学者开始对这些供应链进行管理研究。

**(2) 企业业务流程重组**

20世纪80年代到90年代,全球经济发展不景气,而市场需求也日益多样化、个性化,且市场需求多变、不确定,这使得企业不得不改变原有的业务流程和经营管理重点。在市场竞争激烈的情况下,企业必须拥有一个高效敏捷、反应快速的生产供应系统,以此来应对多变的市场需求。为应对企业之间日益激烈的市场竞争,产业链上的企业开始注重专业化分工,降低非核心业务的运营成本,将非核心业务外包给专业公司,并且利用高效的外部供应链网络系统,提升企业供、产、销的整体运行效率。于是业务流程重组出现,并逐渐成为企业界和管理学界研究的热点。业务流程重组是对企业的业务流程做根本性的思考和重建,以此使企业在成本、质量、速度和服务等方面取得较大的改进,提高企业运行效率,把重心放在自身的核心业务上,将非核心业务流程外包,提高自己的核心竞争力。

随着企业业务流程的重组,逐渐出现了各类企业在产业链中"各司其职"的局面,一个个供应链网络开始形成。越来越多的企业认识到,只有对自己所在供应链的各个衔接环节进行有效管理的企业,才能真正获得市场上的竞争优势。

**(3) 经济全球化进程加快**

近代以来,随着交通运输技术以及通信技术的发展进步,世界各个国家和地区之间的交流往来日益增多。特别是20世纪90年代以后,世界进入和平与发展的历史新时期,计算机网络技术快速发展,各国之间的经济和文化交往变得更加频繁。科技日新月异,生产力得到了迅猛的提高,越来越多的发达国家将自己的部分产业迁移到欠发达国家,以寻求更廉价的原料、更廉价的劳动力以及更广阔的消费市场,这使得发达国家许多企业将自己的一部分业务环节转移到了其他国家或者与其他国家的相关企业进行合作,达成业务衔接。由此,产生了许多全球范围内的供应链网络系统,各大企业也开始对自己所在的供应链网络进行管理控制,世界上的许多学者也开始对供应链和供应链管理进行重点研究。

**(4) 各国间开放程度提高**

一些国家和地区对于市场经济模式的认可度提高,也开始实施市场经济模式,并且提高自身的开放程度。在普遍的市场经济和开放性经济环境下,各国之间的企业可以更加便利地进行合作,更合理地进行业务合作和衔接,由此来发挥各自的核心优势,实现资源整合和规模效益。在这种情况下,越来越多各环节企业相互衔接的供应链网络系统开始形成。

### 1.1.2 供应链的概念

Stevens 提出,供应链是一个通过前向的物流和反向的信息流将原材料供应商、生产商、销售商和顾客联系在一起的系统。

美国供应链管理专业协会认为,供应链涉及从供应商的供应商到顾客的顾客的最终产品生产与交付的一切努力。

马士华等在其《供应链管理》中将供应链定义为围绕核心企业,通过对信息流、物流和资金流的控制,从采购原材料开始,到制成中间产品以及最终产品,最后由销售网络把产品送到消费者手中的,将供应商、制造商、分销商、零售商直到最终用户连成一个整体的功能网链结构。

2001年,我国发布实施的《物流术语》(GB/T 18354—2001)对供应链的定义是:生产及流通过程中,涉及将产品或服务提供给最终用户活动的上游、下游企业,所形成的网链结构。

本书结合以上观点认为,供应链是包含商流、物料流、资金流、信息流、工作流,涉及原料供应商、生产制造商、分销零售商、相关物流企业以及最终用户的一个功能网络系统,如图1-2所示。

### 1.1.3 供应链管理的概念

Stevens 认为供应链管理的目的是使顾客的需求同来自供应商的物流协同运作,以平衡高顾客服务水平与低库存、低单位成本这两个看似冲突的目标,供应链管理的范畴比物流管理、供应商管理、采购和材料管理、制造管理、设备计划、与分销和运输相关的顾客服务以及信息流管理等要广得多。

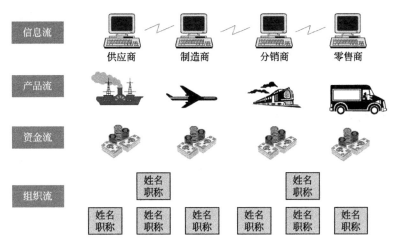

图 1-2　供应链

美国供应链管理专业协会将供应链管理定义为从供应商的供应商到顾客的顾客这一链条中，生产和运输最终产品（包括计划、采购、制造和配送四个流程）的所有努力，包括供应和需求管理、原材料和零部件外包管理、制造和组装管理、仓储和存货跟踪、订单录入管理、分销渠道管理和运输管理等。

马士华等认为供应链管理是使供应链运作达到最优化，以最少的成本，让供应链从采购开始，到满足最终顾客的所有过程，包括工作流、实物流、资金流和信息流等均能高效率地操作，把合适的产品、以合理的价格，及时、准确地送到消费者手上。

2001 年，我国发布实施的《物流术语》（GB/T 18354—2001）将供应链管理定义为"利用计算机网络技术全面规划供应链中的商流、物流、信息流、资金流等，并进行计划、组织、协调与控制"。

本书结合以上观点认为，供应链管理是为实现供应链成员的效益最大化，对原料供应、产品制造、分销零售、运输配送直至最终消费者这个供应链中的商流、物料流、资金流、信息流、工作流以及人员进行计划、组织、指挥、协调与控制等。

## 1.2　供应链管理的产生和发展

20 世纪 80 年代到 90 年代，世界经济进入低速增长期，市场需求多变且趋于多样化，跨国公司逐渐发展起来，企业业务重组加速。这些因素导致供应链的概念出现，相应地，供应链管理出现并且进入企业之中，许多学者也开始对供应链管理进行专门研究。

### 1.2.1 供应链管理在国外的产生

1985年，美国学者波特首次提出了价值链的概念，这也就是以后供应链概念的雏形。价值链将一个企业的运营分为许多活动，其基本活动有企业内部物流、生产作业活动、企业外部物流、市场营销与服务；其辅助活动有采购管理、技术开发活动、人力资源管理以及基础设施管理。波特提出的价值链概念首次将企业价值活动联系为一个整体，但也有其局限和不足，他所提出的价值链的概念是针对单个企业的，也就是指企业内部的供应链。在这个时期，各大企业针对自己企业内部的供应链开始着手进行管理，产生了早期的供应链管理，也就是第一阶段的企业内部供应链管理。

可以看出，初始的供应链（价值链）概念涉及许多物流管理的内容，可以认为，初始的供应链管理是由物流管理进一步发展而形成的。

### 1.2.2 供应链管理在国外的发展

1992年，约翰·尚克（John K. Shank）和维贾伊·戈文达拉扬（Vijay Govindarajan）提出企业应该将自己内部的价值链放入企业所在行业的价值链中去审视，同时企业需要对位于自己价值链相近位置的竞争者进行充分分析，由此制定出自身战略，保持和增强企业的竞争力。Shank和Govindarajan发展了价值链的概念，使得供应链的概念从企业内部扩大到企业所在的行业。由此，第二阶段的行业联盟式供应链管理发展起来。

1996年，瑞特（Reiter）进一步发展了价值链的概念，首次提出了供应链的定义，将供应链的概念进一步扩大到企业所在的整个产业链中去，这个产业链甚至是遍及全球范围的。他认为，供应链是一个实体的网络，产品和服务通过这一网络传递到特定的顾客市场。此时，第三阶段的全球供应链管理逐渐开始发展起来。

图1-3是1995～1998年世界一流企业供应链管理绩效的提高情况。这些一流的企业通过供应链管理获得了竞争优势，供应链管理总成本比一般企业少了5%～

6%，如图 1-4 所示。

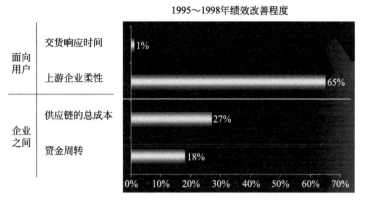

图 1-3　1995～1998 年世界一流企业供应链管理绩效提高情况

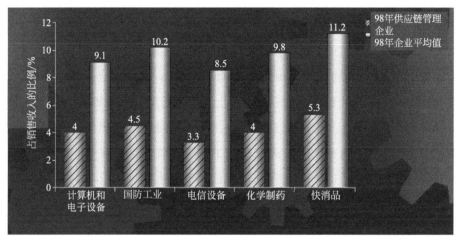

图 1-4　部分一流企业与行业内普通企业供应链管理总成本比较

## 1.2.3　供应链管理进入我国

20 世纪 90 年代，华为公司进行了大规模的企业扩展，由此带来了低效率的企业运行和高昂的成本。此时亚洲金融危机爆发，市场需求易变且多样，于是华为公司选择了引入欧美国家刚刚发展起来的供应链管理，并在之后的十几年里将高效的供应链管理打造成为自身的核心竞争力。

21 世纪初，国内的一些大型企业开始面临许多问题，营业收入增长缓慢、成本增加、市场环境不景气、外来企业的竞争压力，等等。这一系列问题迫使这些企业寻求解决办法，很快，它们找到了供应链管理这个解决企业效益问题的有效途径，开始着手进行供应链管理转型。

2001年，我国正式加入世界贸易组织，供应链和供应链管理的思想很快传入我国。

同年，我国发布实施《物流术语》（GB/T 18354—2001），对供应链和供应链管理进行了明确的定义。这意味着供应链管理正式进入我国。

### 1.2.4　供应链管理在我国的发展

2005年6月8日，美国供应链管理专业协会中国年会在我国深圳举行。数百名国内外著名物流企业领导者和物流行业专家共同探讨物流业未来发展的方向。他们认为，供应链管理将是物流业未来发展的一个大方向，特别是在中国，供应链管理将迅速发展。

同年，国际供应链峰会在上海举行，会议中指出："中国已进入供应链管理时代，完全有可能在现代物流与供应链管理上实现'超越式'发展。"

随后，国内许多企业开始注意到并且注重供应链管理，国内许多学者开始专门研究供应链管理，高校相关专业也开设了供应链管理这门课程。2017年，高校新增供应链管理专业；2019年，第一届全国供应链大赛启动；2020年，供应链管理专业正式列入《普通高等学校本科专业目录（2020年版）》。

## 1.3　供应链管理的主要类型

### 1.3.1　供应链分类

供应链根据分类标准的不同可以分成不同的类型，大体上有七个分类标准。

**(1) 范围不同**

① 内部供应链。企业内部的采购、生产、销售部门等组成的供应链网络。

② 外部供应链。企业外部的原材料供应商、零部件供应商、第三方物流企业、

分销零售商以及最终消费者组成的供应链网络。

**(2) 功能性不同**

① 有效性供应链。以较低的成本获得较高的收益。

② 反应性供应链。对消费市场的需求做出快速反应。

③ 创新性供应链。根据消费者的偏好来生产产品和提供服务，及时调整产品和服务，迎合消费需求。

**(3) 稳定性不同**

① 稳定型供应链。供应链中的市场需求单一且比较稳定。

② 动态型供应链。供应链中的市场需求复杂且频繁变化。

**(4) 容量需求不同**

① 平衡型供应链。供应链容量能满足客户需求，且成本、库存保持在合理水平。

② 倾斜型供应链。供应链成本、库存、浪费增加或者难以满足客户需求。

**(5) 复杂程度不同**

① 直接型供应链。由企业、企业的供应商、企业的客户组成的供应链。

② 扩展型供应链。在直接型供应链的基础上增加了企业的供应商的供应商，企业的客户的客户。

③ 终端型供应链。包括从终端供应商到终端消费者这个流动链条中的所有组织。

**(6) 供应协同模式不同**

①"1+N"式供应链。主要应用在欧美发达国家，"1"代表占主导地位的金融资本，"N"代表供应链上的各个环节企业。

②"N+1"式供应链。主要应用在日、韩两国。"N"代表供应链上的各个环节企业，"1"代表隐居幕后的商业资本。

③"1+1+N"式供应链。这是我国供应链的主要模式，第一个"1"代表国有资本，第二个"1"代表国家聘请的职业经理人董事长，"N"代表供应链上的各个环节企业。

**(7) 企业地位不同**

① 盟主型供应链。供应链中存在占据主导地位的核心企业。

② 非盟主型供应链。供应链中各家企业实力相差不大，没有明显的主导者和核心企业。

## 1.3.2 效率型供应链管理

效率型供应链管理又称有效型供应链管理，其主要特点是以最低的成本将原材料转化成零部件、半成品以及产成品，并且尽量使物流运输费用最小化，也就是用较低的成本获得较高的收益，使供应链变得高效率。效率型供应链管理的核心目标是尽可能地消除一切形式的浪费，尽可能地节约产品的成本，这样就可以形成比竞争对手更有利的价格优势，从而有机会获得更广阔的消费市场和更庞大的消费群体，最终使企业获得更多的营业收入和更多的利润。

效率型供应链适合于比较稳定的市场需求环境，如果市场需求环境有变化，那这种变化也是比较小的变化，不会对供应链产生较大的冲击，或者说这种变化的可预测性比较强，可以提前被相关企业预测和察觉到。在这种稳定的市场需求环境中，消费者需要的产品种类相对较少，企业可以集中精力对固定的几种产品进行机械化生产，以形成规模效益，降低单位产品的成本。在效率型供应链中，因为需求稳定，相关的制造企业可以准确地对产品的市场需求进行预测后再开展生产，许多生产商选择在靠近消费者的地方设置大量库存，从而拉动整个供应链的联动。

## 1.3.3 响应型供应链管理

响应型供应链管理又称反应型供应链管理，其主要特点是注重供应链对于市场需求的响应速度，要求及时准确地将相关产品配送到需求市场，并且需要对未预测到的市场需求及时做出反应，满足多变的市场需求。响应型供应链管理的核心目标是提高消费市场对于产品的可获得性，满足复杂多变的消费市场下顾客的各种需求，提高对不易预测的市场需求的反应速度，提高企业柔性生产能力，把握好、利用好每一个新出现的市场机遇，提高客户对于企业的满意度，从而使企业获得更多的市场份额。

响应型供应链适合于快速多变、难以预测的市场需求环境，在这个市场需求环境中，消费者对于产品种类的需求丰富多样，并且需求随时可能发生变化，这种变化还是不可预测的。这就要求响应型供应链中的企业需要具备较为先进的柔性生产能力，当处于消费市场中的客户需求出现较大变化时，企业能够及时转变自己的供应线和生产线，按照最新的消费需求进行产品的生产，然后将合格的产成品及时交到客户手中，从而以快速准确的服务来提高客户满意度，最终赢得更多的客户订单，增加自己的收入。响应型供应链通常按照最终客户的订单开展生产，其需求的原材料和零部件多变，因此不会在消费市场附近设置大量库存，而是会在原材料和零部件市场附近设置工厂以便应对多变的市场需求。

### 1.3.4 风险规避型供应链管理

20 世纪 90 年代以来，经济全球化进一步发展，全球各国之间的经济联系增多，一个个布及全球范围的供应链网络形成，供应链中的各个企业希望能够通力合作，达成共赢。但是，这个时期，消费市场中的顾客需求趋于多样化和个性化，且需求多变，这使得供应链网络中的许多节点企业面临前所未有的消费市场的不确定性。同时，自然灾害、经济危机、恐怖事件不时出现，进一步增大了市场的不确定性。这些不确定性因素导致位于供应链中的许多节点企业存在着巨大的经营风险，于是供应链中的许多节点企业选择采取一些规避风险的行为举措去保证自身利益不受损失。如果一个供应链中存在一个或几个采取规避风险行为的企业，那么我们就把这种供应链称为风险规避型供应链，针对这种供应链的协调管理，就是风险规避型供应链管理。

在风险规避型供应链中，各节点企业为了保证自身利益不受损失，往往采取隐瞒或者谎报消息的举措。比如，供应商隐瞒或者谎报原料储量，生产商隐瞒或者谎报生产成本，销售商隐瞒或者谎报市场预测，这些行为都会对供应链产生不好的影响。我们可以看出，风险规避型供应链是一种不利于整体供应链良好运行和阻碍供应链中的节点企业向前发展的供应链类型。我们针对这种类型的供应链进行协调管理，目的就是尽可能消除其中各节点企业的不合理的风险规避行为，使得供应链中有用的信息能够尽可能地被各节点企业共享，使得供应链各节点企业通力合作，达成共赢，从而形成一个良好运行的供应链网络。

近年来，不少供应链网络开始建立各种协调激励机制来协调管理风险规避型供应链中的节点企业，力求消除其中不合理的风险规避行为，以达成供应链各方效益共赢。

## 1.4 供应链管理的最新研究发展及趋势

### 1.4.1 供应链管理的最新研究发展方向

**(1) 智能化**

21世纪,计算机技术和网络信息技术飞速发展,智能制造、智能运输、智能通信发展迅速。近年来,更是出现了工业机器人、无人配送车、无人配送机以及管理信息系统等智能化产品,各行各业都开始跟随时代步伐,尝试将智能化产品和服务融入自身行业当中。供应链管理也紧跟时代步伐,企业尝试利用智能化、数字化的产品和服务来进行供应链协调和管理。

**(2) 低碳化**

自从第一次工业革命在英国爆发后,发达国家利用机械化的设备大规模开采原材料制造产品,并且向环境中排放了大量的废气、废水和废料,久而久之,对生态环境造成了严重的破坏。随着海平面上升、气候异常、空气污染等问题日益严重,世界上大多数国家开始意识到环境保护的重要性,人们开始低碳出行,工厂开始绿色生产。供应链管理涉及从原材料开采、零部件生产、产成品制造、分销零售、运输配送直至最终消费者购买的诸多环节,这些环节都会对环境造成或多或少的影响,因此,低碳化、绿色化的供应链管理成了一个趋势。

**(3) 外向化**

随着国家"一带一路"倡议的实施,我国越来越多的企业开始和欧洲、非洲、中亚、南亚、西亚、东南亚的许多企业寻求合作,这使得国内许多供应链网络开始拓展到国外,趋于外向化。

### 1.4.2 供应链管理的最新研究趋势

**(1) 数字化供应链管理**

近年来,很多高科技公司不断提升自身的专业服务能力,开始为客户提供数字化供应链云平台的服务,通过基于云计算的供应链执行云平台对市场中的客户需求做出快速准确的响应。这个云平台对于物流运输中产生的监控数据、客户业务数据、运输过程数据等进行大数据分析,然后通过供应链的控制塔对其进行整合优化，从而为企业提供精准的市场预测。另外，企业通过微信、钉钉等移动社交手段连接企业上下游的供应商、分销商、客户等，使企业与上下游企业达到高效的协同，降低沟通成本，提高沟通效率。同时，这些高科技公司还借助物联网、互联网的平台来做相应的集成，比如对仓储系统中的智能设备、门禁系统、监控设备、温控设备、传感器设备等实施流程自动化，提高仓储系统效率，降低仓储系统成本。总的来说，供应链云平台融合了云计算、移动设备、大数据等工具，为企业提供了一体化的数字化供应链管理平台。

在这个数字化供应链云平台中，主要包括三个部分：第一部分是订单管理云，主要负责订单的接入、调度、结算。第二部分是仓储管理云，主要负责管理相应的入库、出库、库内管理等仓储业务。第三部分是运输管理云，主要负责管理订单运输的计划和调度。

**（2）绿色供应链管理**

绿色供应链的概念最早由美国学者提出，近年来，我国对于环境保护越来越重视，绿色供应链管理也引起了国内许多企业和学者的重视。绿色供应链管理是一种在整个供应链内综合考虑环境影响和资源效率的现代管理模式，它以绿色制造理论和供应链管理技术为基础，强调在产品从生产到报废的整个过程中对环境的副作用最小，资源利用率最高。绿色供应链主要包括绿色设计、绿色采购、绿色制造、绿色分销和绿色物流、绿色消费以及绿色回收等多个环节，其中，绿色回收是一个比较重要的环节，目前许多学者和企业开始注重对绿色回收的研究和应用。

**（3）跨境供应链管理**

随着国家"一带一路"倡议的深入推进，沿线国家之间经济合作和相互往来越来越频繁，依存度不断提高。同时，世界范围内的技术进步不断推进，交通运输和通信技术的不断发展，使得跨国经营更加便捷可行。越来越多的公司，为了实现整体利益的最大化，将产业链转移到其他国家，从而促进了跨境供应链的迅速发展，跨境供应链的发展和布局也符合我国产业升级发展的趋势和方向。国家相继批准了一批高校设立供应链管理专业以及相关扶持政策的出台，也为跨境供应链的发展提供了难得的机遇与条件。在此背景下，对跨境供应链的研究越来越受到社会和企业的重视，得到广大学者、高校教师、学生以及企业管理者的青睐，跨境供应链管理也日益成为供应链管理、物流管理等专业的必修课程。

# 第2章 跨境供应链管理概述

自"一带一路"倡议实施以来,我国着眼于当前的世界经济格局,为全球经济的发展提出了许多建设性的建议,成立了一些有助于全球经济复苏的机构,实施了不少助力国内和国际经济发展的措施。其中就包括提出了"跨境供应链"的概念,进行跨境供应链管理的研究和应用。

## 2.1 跨境供应链及跨境供应链管理的概念

### 2.1.1 跨境供应链及跨境供应链管理产生的背景

**(1) 经济全球化的推进**

经济全球化(Economic Globalization)是指世界经济活动超越国界,通过对外贸易、资本流动、技术转移、提供服务、相互依存、相互联系而形成的全球范围的有机经济整体的过程,是指商品、技术、信息、服务、货币、人员、资金、管理经验等生产要素跨国、跨地区的流动,也就是世界经济日益成为紧密联系的一个整体。

一国经济运行的效率无论多高,总要受本国资源和市场的各种限制,在经济全球化的环境下,可以充分利用有利的全球资源和市场条件,使一国经济最大限度地摆脱本国资源和市场的束缚,实现以最有利的条件进行生产,以最有利的市场进行销售;可以促进产业的转移和资本、技术等生产要素的加速流动,弥补各国资本、技术等生产要素的不足,实现资源最有效的配置,达到世界经济发展的最优状态,提高经济效率,使商品更符合消费者的需求。

以全球区域为背景的供应链的运作会面临更大的考验和更多的挑战,供应链中的供应商面临着不同文化、不同习俗、不同要求的大环境,这就要求对整个跨境供应链进行严格有效的管理。

**(2) 当前全球供应链存在的问题**

2005年,美国物流管理协会更名为供应链管理专业协会。从此,供应链管理开始受到世界各国特别是发达国家的重视,全球供应链开始形成,这在一定程度上促进了世界经济的发展。但是,随着时间的推移,全球供应链中的一些国家为了保证自己的核心技术不向外泄露,保证自己国家的相关产业不受冲击,保证自已目前的全球经济地位不被动摇，开始采取一些措施，比如提高一些进口产品的关税，对其他国家设置贸易壁垒等，以此来保护本国的相关企业。这些行为阻碍了全球供应链的进一步发展，当前的全球供应链亟待改进。

**（3）我国在全球供应链中的地位**

随着改革开放的进一步深化，我国的对外贸易逐年增长，我国的经济增长与世界经济的发展更加紧密地联系在了一起。自2005年全球供应链开始发展以来，我国也较快地融入了全球供应链中。但是，我国在精密仪器研发制造、芯片研发制造、汽车发动机研发制造、民航客机研发制造等高科技领域还存在不少短板，在这些行业的全球供应链中，我国主要承接生产制造环节。在服装设计生产、化妆品研发生产等重视品牌效应的领域，我国还少有国际知名的服装品牌和化妆品品牌。为了我国经济的进一步发展，我们需要投入更多的资源来发展高科技产业，发展更多我们自己的品牌企业，构建由我国主导的全球供应链。

**（4）跨境电子商务的发展**

跨境电子商务是指分属于不同关境的交易主体，通过电子商务平台达成交易、进行支付结算，并通过跨境物流送达商品、完成交易的一种国际商业活动。

近年来，我国跨境电子商务取得了巨大的发展。跨境电子商务的迅速发展，为跨境物流与跨境供应链的发展提供了有利的契机，跨境电子商务能够极大地推动跨境贸易的发展，使世界经济发展产生巨大的变革。对企业来说，跨境电子商务构建的开放、多维、立体的多边经贸合作模式，极大地拓宽了企业进入国际市场的路径，大大促进了多边资源的优化配置与企业间的互利共赢，推动了企业跨境物流与跨境供应链的发展；对于消费者来说，跨境电子商务使他们可以非常容易地获取其他国家的信息并买到物美价廉的商品，在此背景下的消费者更加注重从各个地区获取物美价廉商品的信息，促使企业和行业在消费者需求的推动下发展跨境物流与供应链。

随着跨境电子商务的不断发展，跨境供应链也随之更加深入发展，但是跨境电子商务的发展也暴露出一些问题，跨境供应链的运作同样也存在一些问题，需要用一些方法和手段对其进行规范管理，跨境供应链管理随之发展起来。图2-1为跨境企业外贸业务电商模式。

**（5）"一带一路"倡议的客观要求**

在"一带一路"倡议下，我国将借助相关的区域合作平台，积极发展与沿线国家的经济合作伙伴关系，打造出一个政治互信、经济交融、文化包容的亚欧非

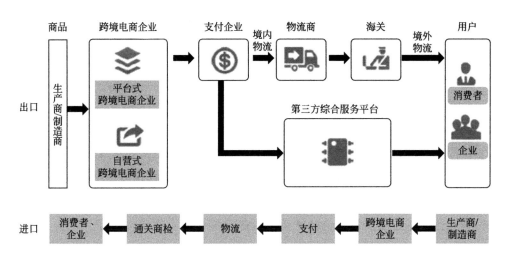

图 2-1 跨境企业外贸业务电商模式

利益共同体和命运共同体。在"一带一路"倡议下，我国需要加强与沿线国家的经济往来，并且引领"一带一路"区域的经济发展，为我国经济的发展和世界经济的发展做出贡献。为了达成这个目标，我国需要在"一带一路"相关区域构建起一个由我国主导的全球供应链系统，以此来助力区域和全球的经济增长。我国主导的"一带一路"倡议下中欧班列对德国的影响如图 2-2 所示。

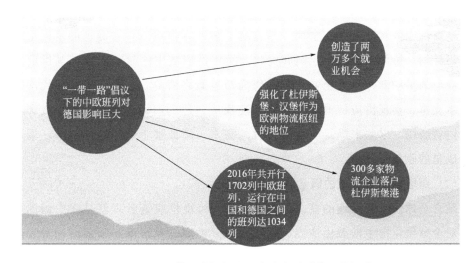

图 2-2 "一带一路"倡议下中欧班列对德国的影响

### 2.1.2 跨境供应链的概念

**（1）全球供应链的概念**

全球供应链就是指以全球化的视野，将供应链系统延伸至整个世界范围。具体来讲，全球供应链是实现一系列分散在全球各地的相互关联的商业活动（包括采购原料和零件、生产制造并得到最终产品、产品增值活动、对零售商和消费者的配送以及各个商业主体之间交换信息的行为等）的全球性供应链系统。

**（2）学术界对于跨境供应链的解释**

跨境供应链是我国根据自己产业的实际发展情况，在跨境贸易、制造产业数字化大发展的特定历史时期所提出的中国自主主导的全球供应链。

**（3）跨境供应链的概念**

结合以上观点，本书认为，跨境供应链就是在中国的主导下，实现全球范围内原料和零部件采购、生产制造、分销零售、产品增值、物流配送以及信息交换等相互关联的商业活动的功能网络系统。

### 2.1.3 跨境供应链管理的概念

**（1）全球供应链管理的概念**

全球供应链管理就是在全面、迅速地了解世界各地消费者需求的基础上，对其进行计划、协调、操作、控制和优化，对于供应链中的核心企业与其供应商以及供应商的供应商、核心企业与其销售商乃至最终消费者之间，依靠现代网络信息技术支撑，实现供应链的一体化和快速反应，达到商流、物流、资金流和信息流的协调通畅，以此来满足全球消费者的需求，降低整个供应链的成本，增加供应链成员的收益。

**（2）跨境供应链管理的概念**

结合全球供应链管理的概念，本书认为，跨境供应链管理就是在中国的主导下，对全球供应链中涉及供应商、制造商、分销商、零售商乃至最终消费者这个链式网络中的商流、物流、资金流和信息流进行计划、组织、协调、控制和优化，以此来提高我国在全球供应链中的地位，满足全球消费者的需求，降低整个全球供应链的成本，增加全球供应链成员的收益。

## 2.2 跨境供应链管理与其他供应链管理的联系和区别

### 2.2.1 跨境供应链管理与国内供应链管理的联系和区别

**(1) 跨境供应链管理与国内供应链管理的联系**

① 涉及的供应链基本环节相同。不管是国内的供应链管理,还是跨境供应链管理,都是负责协调管理从产品的原料和零部件采购、生产制造、分销零售、运输配送直至产成品送到最终消费者手中这个基本过程。

② 涉及的供应链基本要素相同。国内的供应链管理和跨境供应链管理两者系统内部的基本要素是相同的,都包含了节点企业(供应商、制造商、分销商、零售商、物流公司等)以及商流、物流、资金流和信息流等基本要素。

③ 基本目标是一致的。国内的供应链管理和跨境供应链管理两者的基本目标是一致的,都是为了实现供应链系统的一体化和快速反应,使其中的商流、物流、资金流和信息流协调通畅,以此来更好地满足消费者的需求,降低整个供应链系统的成本,增加供应链各节点企业的收益。

**(2) 跨境供应链管理与国内供应链管理的区别**

① 涉及范围不同。国内的供应链管理主要涉及境内的相关供应商、制造商、分销商、零售商、物流公司等节点企业以及境内的相关商流、物流、资金流和信息流,而跨境供应链管理会涉及国外的许多节点企业以及国际贸易、国际物流、境外资金流和国际信息流等。

② 运输方式不同。国内供应链管理主要采用公路、铁路等交通工具运输货物,而跨境供应链管理的货物运输涉及全球范围,需要用到海洋运输和国际航空运输,很多时候需要采用国际多式联运的方式运输货物。

③ 风险程度不同。跨境供应链管理相对于国内供应链管理来说,会面临更高的国际运输风险、财务风险、信息传输风险以及文化差异所带来的市场需求风险。

④ 涉及的政府部门和相关组织不同。国内供应链管理主要会涉及地方的税收

部门、交通管制部门等,涉及的涉外组织较少,而跨境供应链管理则会涉及海关部门、商务部门、国际承运商和报关行等。

### 2.2.2 跨境供应链管理与全球供应链管理的联系和区别

**(1) 跨境供应链管理与全球供应链管理的联系**

① 涉及范围相同。跨境供应链管理和全球供应链管理都会涉及全球范围内的相关供应商、制造商、分销商、零售商、物流公司等节点企业以及相关的商流、物流、资金流、信息流和人员。

② 都具有较高的风险程度。相比于国内供应链管理,跨境供应链管理与全球供应链管理都会面临较高的国际运输风险、财务风险、信息传输风险以及文化风险。

③ 采用的运输方式基本相同。跨境供应链管理与全球供应链管理两者都是主要采用国际铁路运输、国际海运、国际航空运输、跨国管道运输以及国际多式联运等方式运输货物。

④ 涉及的政府部门和相关组织基本相同。跨境供应链管理与全球供应链管理都会涉及甚至依赖于海关部门、商务部门、国际承运商和报关行等。

**(2) 跨境供应链管理与全球供应链管理的区别**

① 主导国家不同。全球供应链管理主要由西方发达国家主导,而跨境供应链管理是要在我国的主导下团结世界各国,发展全球经济。

② 具体目标不同。全球供应链管理是为了协调世界范围内的企业组织,优化配置全球资源,最终为主导的西方发达国家谋取更多利益。而跨境供应链管理的目的在于建立一个全球范围内的命运共同体、价值共同体和责任共同体,为广大发展中国家谋求更多福利,促进全球经济的良性发展和可持续发展。

## 2.3 跨境供应链管理研究的意义

跨境供应链的范围是整个国际市场,国际市场的特点是拥有多元化的消费结构、不同的法律制度和文化、复杂的市场结构以及差异较大的基础设施环境,这使得跨境企业在供应链管理方面存在着诸多难题,跨境供应链升级是跨境企业解决问题和开拓市场的重要推动力,而跨境供应链管理是跨境供应链优化升级的重要前提条件。所以跨境供应链管理的研究是具有重要意义的，不管是对国内的跨境企业、区域性的集团、国际性的公司还是对供应链管理模式本身，都具有重要意义。

### 2.3.1 跨境供应链管理对世界的意义

**（1）加快经济全球化的进程**

进入21世纪以来，经济全球化的发展受到了许多因素的阻碍，恐怖主义、贸易保护主义、南北发展不平衡等问题在一定程度上给经济全球化的发展带来了许多不利的影响。在这种情况下，由我国主导的跨境供应链的发展，可以协调管理全球供应链中的突出问题，优化配置全球资源，给世界各国特别是广大发展中国家带来更好的发展机遇，促进全球经济成为一个价值共同体，加快经济全球化的进程。

**（2）有利于构建国际政治新秩序**

长期以来，国际政治秩序由西方发达国家所控制，在很多国际事件上，我国和广大发展中国家都少有决定性的话语权。广大发展中国家拥有世界大多数的领土面积，拥有世界大多数的人口，拥有世界大多数的自然资源，可是却没有与之相对应的经济发展状况和政治地位。以我国为主导的跨境供应链的发展，会有效提升广大发展中国家的经济实力，提高广大发展中国家的国际地位，促进南北半球平衡发展，促进国际政治新秩序的构建，有利于世界成为一个命运共同体和责任共同体。

**（3）促进世界范围内的文化交流**

以我国为主导的跨境供应链管理的发展，会促进全球范围内的经济贸易，相关国家和地区之间的企业和员工会被更加紧密地联系在一起，随之而来的是，不同国家和地区之间的文化习俗会发生更加频繁的传播和交流。由此可见，跨境供应链管理的发展会促进世界范围内的文化交流。

### 2.3.2 跨境供应链管理对我国的意义

**（1）提高我国的国际地位**

随着我国几十年的快速发展，我们已经拥有了庞大的经济总量和较强的经济实力，在许多国际组织内，我们缴纳了足够多的成员费用，在许多国际维和、护航行动中，我们做出了足够多的贡献。可是，在许多国际事件中，我国依旧没有与自身经济实力和贡献相对应的话语权。在这种情况下，由我国主导的跨境供应链的发展，会增强我国在世界上的影响力，增大我国在国际事件中的话语权，提高我国的国际地位。

**(2) 促进我国经济高质量发展**

长期以来，我国在全球供应链中充当世界工厂的角色，在许多产品的全球供应链中，我国只是负责生产制造和组配总装，而高利润的研发环节、设计环节以及精密仪器和关键零部件的制造大都被西方发达国家控制。近些年来，我国经济增速放缓，我们更加重视经济的高质量发展。以我国为主导的跨境供应链的发展，会促使我国在产品的研发环节、设计环节投入更多资源，培育出更多属于我们的国际知名企业，在全球供应链中掌握更多的高利润环节，从而促进我国经济的高质量发展。

**(3) 提高我国的文化软实力**

目前，我国已经拥有了较强的经济实力，国际地位也在稳步提高，可是，我国在世界范围内的文化影响力还远远不够。要想实现中华民族的伟大复兴，不光要有强大的经济实力和足够的国际地位，还要具有强大的文化影响力，特别是要具有足够强大的文化软实力。通过发展跨境供应链，我国会涌现一大批品牌企业和许多品牌产品，这些产品销往全球各地，会让世界人民更好地了解中国和中国文化。同时，在这个过程中，会有更多的中国企业进入全球市场，将中国文化传播给世界各国人民，从而提高我国的文化软实力和文化影响力。

## 2.3.3 跨境供应链管理对"一带一路"倡议的意义

跨境供应链管理的产生离不开"一带一路"倡议的实施，而跨境供应链管理的发展又会给"一带一路"倡议的实施和推进带来诸多好处。

**(1) 优化配置"一带一路"相关区域的资源**

"一带一路"倡议已经得到亚洲、欧洲、非洲100多个国家和地区的积极响应，这么多国家和地区，其资源的优化配置是一个大问题，如果不对其中的资源进行合理的优化配置，必然会造成极大的资源浪费。在"一带一路"相关区域对相关企业进行跨境供应链管理，可以合理配置相关资源，提高供应链效率，为沿线各国企业创造出更多的利润，有利于沿线各国实现共赢。

**(2) 协调"一带一路"相关区域企业的员工管理**

"一带一路"倡议会涉及沿线国家的众多企业，这些企业拥有庞大的员工群体，那么，协调管理好各家企业中的员工就是一个很重要的事情。通过实施跨境供应链管理，可以对相关供应链各个环节上的企业进行协调，管理和协调好相关企业的员工，提高各国企业员工的工作效率，增加各国企业和整体供应链效益。

**(3) 降低"一带一路"倡议中的经济风险**

"一带一路"倡议涉及大规模的国际交通运输、国际资金交易、国际信息传输以及国际市场销售，这个过程会面临较高的国际交通货运风险、汇率和财政政策影响带来的财务风险、风俗习惯等不同带来的市场销售风险以及信息传达不及时等问题。通过跨境供应链管理，可以有计划地预防、及时识别和处理这些风险因素，降低整体供应链的风险，降低"一带一路"倡议中的经济风险。

## 2.3.4 跨境供应链管理对国内企业的意义

**(1) 有利于国内企业扩大规模**

通过跨境供应链管理，国内企业可以有计划地向国外扩展，逐步和更多的境外企业达成合作，逐步占领更多的国外销售市场，从而获得更多的利润，进而用来扩大自己的企业规模。

**(2) 有利于国内企业提高自己的行业竞争力**

国内企业在向国外扩张的过程中，会在国外的销售市场遇到许多问题，并且很大可能会遭遇国外同行业企业的竞争压力。在这种情况下，通过跨境供应链管理，国内企业可以协调管理好在国外的扩展业务和对接业务，使自身的产品在国外市场能够更好地销售，从而提高自己的行业竞争力。

**(3) 降低国内企业在国外的风险水平**

国内企业在向国外进行扩张的过程中，会遭遇许多风险因素的影响，比如说货物运输风险、货物质量风险、信息传输风险、财务风险、文化风险以及市场销售风险等。通过实施跨境供应链管理，国内企业可以提前预防、提前识别、及时控制这些境外的风险因素，降低国外经营的风险水平，保证企业在境外的正常经营和发展。

### 2.3.5 跨境供应链管理对供应链管理模式的意义

不管是供应链管理还是跨境供应链管理，其目的都是追求整个供应链效率最高，成本最低，最终达到最好的服务效果，获取自己理想的利润。对于跨境供应链管理的研究，可以对现有的跨境供应链管理模式进行有效的整合，解决链条过长、链条过乱以及链条不稳定的问题，从而对现有的跨境供应链管理进行升级，提高跨境供应链管理的水平和能力，进一步完善供应链管理理论和管理模式。

## 2.4 跨境供应链管理的未来

### 2.4.1 跨境供应链管理的发展趋势

**（1）个性化**

个性化，顾名思义，就是非一般大众化的东西，在大众化的基础上增加独特、另类、拥有自己特质的需要，独具一格，别开生面，打造一种与众不同的效果。

跨境电子商务企业在一定程度上打破了时间和空间的界限，使得生产和消费过程变得和谐统一。跨境电子商务企业的跨境供应链管理是更加简单、高效、开放且灵活的，比以往的供应链管理更加注重消费者多样化、个性化的需求，致力于满足更多消费者个性化的需求。

**（2）标准化**

跨境供应链管理涉及全世界范围内的国家和地区，不同的国家和地区会有不同的工业生产标准、不同的产品质量标准、不同的交通通行标准等，如果不能统一这些标准，那么跨境供应链就很难达到协调以及正常运行。因此，要发展以我国为主导的跨境供应链管理，首先要解决的就是各国节点企业之间的标准统一问题，只有解决了跨境供应链中的标准化问题，才能使整体供应链协调，进而进行机械化、规模化的生产，提高跨境供应链效率。标准化主要包含六个基本要素，如图 2-3 所示。

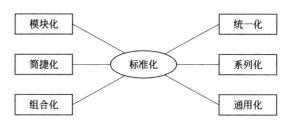

图 2-3　标准化主要包含的六个基本要素

**(3) 信息化**

21世纪，计算机技术和信息网络技术发展迅速。跨境供应链中不同国家的节点企业如果采用较为传统的信息通信手段和信息传输共享方式，无疑会给跨境贸易和跨境供应链带来较高的信息传输风险，进而影响到跨境供应链中的生产、销售等环节。因此，有必要在跨境供应链中建立起合理有效的信息共享平台和信息传输系统，保证各国的节点企业可以及时了解到自己所需要的信息，并根据信息做出正确的决策，以保证企业和供应链整体的合理运行。

**(4) 集约化**

在跨境供应链中，各节点企业来自全球各地，可能产品的一种零部件的生产在许多国家进行，产品的总装也在许多国家进行，这在无形中就形成了一种生产资源的浪费，会导致跨境供应链效率低下。因此，我们应当在跨境供应链中实施集约化管理，将相同、相似产品零部件的生产集中在一个或者几个国家和地区，产品的不同零部件生产由指定的不同国家和地区负责，而产品的总装也由指定的几个国家和地区负责。这样，跨境供应链中的每个国家和地区就可以集中精力发展几个业务，可以使资源实现集约利用，从而实现跨境供应链整体效率和效益的提高，也有利于各国节点企业的良性发展。图 2-4 是非集约型跨境供应链示意图，图 2-5 是集约型跨境供应链示意图。

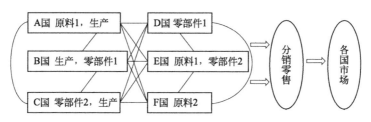

图 2-4　非集约型跨境供应链示意图

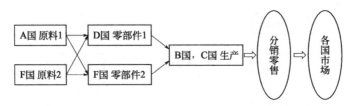

图 2-5　集约型跨境供应链示意图

## 2.4.2　跨境供应链管理面临的机遇

**(1)"一带一路"倡议的支撑**

"一带一路"倡议提出前后,在我国倡议下先后成立了"金砖银行"和"亚投行"等经济组织,其中的"亚投行"已经有来自世界各地的 100 多个国家加入。"一带一路"倡议下类似的事件还有很多,这无疑给我国的跨境贸易和跨境供应链管理带来了良好的机遇。

**(2)加快实施自由贸易区战略的支撑**

2015 年 12 月,国务院印发《国务院关于加快实施自由贸易区战略的若干意见》,对我国自由贸易区建设做出了顶层设计,从境内自由贸易区衍生出三个层次自由贸易区:和周边国家共同设立的跨境自由贸易区、和"一带一路"沿线国家组成的自由贸易区以及中国主导的全球自由贸易区。在这种有利的政策导向下,跨境自由贸易会蓬勃发展起来,从而使跨境供应链管理也迎来良好的发展机遇。

**(3)科学技术的支撑**

跨境供应链上的产品结构日益复杂化。随着技术的进步和生产力的提高,出现了分工和社会化工业生产,产品日益复杂,技术的进步使新产品的开发能力和速度不断提高和加快,产品的种类也日益增多。除了产品结构日益复杂化以外,还有运输成本的不断降低。技术的进步带来了当代的运输革命,特别是在跨境供应链中的远洋运输以及航空运输。远洋运输技术进一步完善,表现为大宗货物运输费用大幅下降和运输时间节省、航空运输成本大幅下降,为国际生产分工和国际贸易提供了新的运输手段。除了跨境运输,还有在一国或一个地区内部的公路运输,技术的发展以及高速公路的普及对运输成本的降低有进一步的推动作用。

## 2.4.3 跨境供应链管理面临的挑战

**(1) 部分国家的贸易保护主义**

近年来，部分西方发达国家为了保证自己的全球经济地位不被动摇，开始对其他国家的企业和产品设置贸易壁垒、提高关税，以保护自己国家的相关企业。这些阻碍经济全球化、违背历史潮流的行为给我国跨境供应链和跨境供应链管理的发展带来了许多不利的影响。

**(2) 恐怖主义、自然灾害以及局部战争、全球性传染病等因素的潜在威胁**

21 世纪是一个"和平与发展"的时代。但是，这个和平的时代也是存在许多问题的，恐怖主义事件和自然灾害的频发，以及不时爆发的局部战争和全球性传染病，给我国正在发展的跨境供应链带来了许多不确定的风险因素，给跨境供应链管理带来了一定的挑战。当前跨境供应链所面临的一些非传统威胁因素如图 2-6 所示。

图 2-6　跨境供应链面临的一些非传统威胁因素

**(3) 国内很多企业依旧存在创新不足、产品质量不达标等问题**

我国主导的跨境供应链管理是要提高我国在全球供应链中的地位，促使我国从"制造工厂"转化为"创造工厂"，从制造大国转化为制造强国，从贸易大国转化为贸易强国。可是，目前阶段我国许多企业依旧存在创新力不足、产品质量不达标等问题，不解决这些问题，我国主导的跨境供应链管理就没有了实际意义。这是我国主导的跨境供应链管理所面临的一个很严峻的挑战。

**(4) 跨境供应链信息传递技术有待突破**

跨境供应链成员之间，存在各成员仅获得自身需要信息，并传递上下游部分信息的现象，且由于跨境供应链涉及地区和环节更多，各地的行业政策有所不同，政治经济环境也不尽相同，各自的种族文化也存在差异，导致跨境供应链上信息传递出现隐匿或者失真现象，严重的时候会产生"牛鞭效应"。在跨境供应链各节点上的跨境供应商企业需要建立信任合作关系，有效促进跨境供应链发展。

跨境供应链信息传递的主要平台依托于跨境电商平台，而跨境出口电商企业在与境外消费者进行信息传递与反馈阶段还存在不足，在预测消费者需求上时效缓慢，导致反馈至上游供应商提供货物时效延长；然后导致产品售后问题无法及时跟进，降低消费体验，流失潜在客户。信息传递滞后严重损害跨境供应链的有效运行，使得跨境供应链管理出现问题。

(5) 西方发达国家主导的全球供应链仍然具有较强的活力

目前，西方发达国家所主导的全球供应链依旧具有较强的活力，要想发展好我国主导的跨境供应链，提高我国在全球供应链中的地位，我们还需要投入大量的人力、物力，付出较长时间的努力。

# 第 3 章

## 跨境供应链管理的类型和特征

## 3.1 跨境供应链管理的主要类型

跨境供应链的体系庞大，跨境供应链管理相较于普通供应链管理更为复杂，涉及内容更多，所以跨境供应链管理的分类方式也有很多，可以根据供应链的范围、特性进行分类，可以根据我国企业在供应链中的地位进行分类，也可以根据跨境供应链采取的不同的模式进行分类。下面就按照这些不同分类方式对跨境供应链管理的主要类型进行详细介绍。

### 3.1.1 根据跨境供应链范围分类

跨境供应链是国内供应链的延伸，是跨区域范围更广的一种特殊的供应链，对于普通的供应链管理，我们根据范围通常将其划分为内部供应链管理和外部供应链管理。内部供应链管理主要是指企业内部产品生产流通过程中的采购、生产、仓储以及销售之间的供应衔接管理。外部供应链管理则是指供应商、生产商、分销商以及零售商，不同企业之间供需衔接以及信息的管理。跨境供应链管理在参考国内供应链管理划分的基础上，按照范围将其划分为境内供应链管理和境外供应链管理。

**（1）境内供应链管理**

顾名思义，境内供应链管理就是指在整条跨境供应链中，国内的各个节点企业的合作协调管理。由于跨境供应链概念的提出是基于以我国为主导建立的全球供应链体系，国内供应链的管理能力对我国企业在该条供应链中是否能够持续占据主导地位有着很大的影响。国内供应链管理水平越高，对国内企业在供应链中的主导地位越有保障。所以国内供应链的管理是否成功，决定了该条供应链是否是真正意义上的"跨境供应链"，是将其与我国企业参与的常规"全球供应链"区分开来的关键所在。

**（2）境外供应链管理**

境外供应链管理不仅指我国以外的其余供应链环节，还包括跨境区域"中外衔接"环节的供应链管理。

供应链跨境环节的管理尤为重要且复杂，这是因为不同国家之间的政策、经济都存在着一定的差异。在物流方面，与不同国家进行货物交接时，跨境区域都涉及不同的关税政策、不同的跨境商贸条例，还要了解不同国家的物流清关标准，这也是保证货物能够安全出入境的关键环节，这个环节决定了货物是否能够按照供应链原计划顺利流通。在商流方面，随着近几年电商行业的发展与普及，目前跨境供应链的商流大部分主要依托电商平台进行转移。供应链针对该环节的管理除了常规的所有权转移合同的完善之外，还要格外注意电商数据的安全保障。不仅要防范重要数据的外泄，而且要避免因平台操作漏洞导致的商流停滞以及所有权非指向性转移，如大批物资所有权被他国黑客非法转移。在信息流方面，要促进跨境供应链内企业信息共享，以保障供应链相关业务便于协调管理，但也要保护重要的商业数据及信息不外泄，其中就包括供应链跨境环节商流操作信息的隐私，更要注意其他供需、生产、资金数据信息的安全。

在跨境供应链中，无论是境内供应链管理还是境外供应链管理，都无法脱离整条供应链单独进行规划，要以该供应链的整体目标为依据，制订管理方案及措施。

## 3.1.2 根据跨境供应链稳定性分类

跨境供应链一方面为了保证运作的常态化，要保证其稳定性；另一方面，为了防控风险的发生又要保证其动态性，所以跨境供应链按其稳定性可划分为动态跨境供应链和稳定跨境供应链。

**（1）动态跨境供应链管理**

跨境供应链链条较长，复杂性较高，面临的风险也就更多。跨境供应链如果选择单一的境外合作供应商，若该境外供应商出现意外突发事故，整条供应链在短时间内都无法找到合适的供应商，将会导致供应链中断的风险。因此在跨境供应链中，应选择多家供应商以防意外情况的出现，保证供应链的动态灵活性。动态跨境供应链管理就是对此类供应链的管理。动态跨境供应链是指在当前供应链企业实现某一时期的目标之后就结束合作关系，重新考虑是按照原有供应链组成企业合作还是更换合作伙伴重新组建供应链。动态跨境供应链管理短时间内较为简单，只需考虑暂时性目标合作的供应链管理；但是从长期来看，由于频繁更换合作企业，重新制订管理计划，尤其是跨境企业间的合作涉及更多考虑因素，会增加供应链管理的烦琐程度，间接增加了许多成本，稳定性较差。

**(2) 稳定跨境供应链管理**

跨境供应链由于受国际环境的影响，能够组建成一条稳定供应链的难度很大，但若是可以在跨境中成功寻找并组建成一条稳定供应链，将会为跨境供应链带来巨大的利润。一条稳定的跨境供应链的构建需要供应链所有节点企业达成长期合作共识，始终保持以供应链整体优化为目标，其构建包括物资的生产、库存协商合作，运输配送的及时沟通协作，信息的全程共享合作，管理系统平台的统一规划建设等。在实现上述合作之后，跨境供应链的各个环节将会减少许多不必要的成本。从整体来看，对于环节众多的跨境供应链来说，节省的成本会产生由量到质的变化。稳定跨境供应链的建设，需要参与合作的各个企业之间完全信任，要搭建跨国的合作平台，初期投入成本较高，难度较大。稳定跨境供应链管理应从长期角度规划供应链的建设与运作，从整体出发，统筹分配各环节资源，以使跨境供应链占有持续性优势。

无论是动态跨境供应链还是稳定跨境供应链，都有其自身的优势与劣势，结合当前我国跨境供应链战略规划，我们在选择管理方式时应该以搭建稳定跨境供应链为主，以动态跨境供应链管理为辅。而对于微观的某条具体跨境供应链来说，还需要结合其自身的实际情况进行选择。

### 3.1.3 根据跨境供应链中国企业的地位分类

在跨境供应链中，可以根据中国企业在跨境供应链中的地位不同，将跨境供应链分为盟主型跨境供应链和同位型跨境供应链。

**(1) 盟主型跨境供应链**

盟主型跨境供应链就是指中国企业在整条供应链中占据主导地位，以中国企业为核心，对供应链的其他成员进行辐射和吸引。由于跨境供应链的目标就是建立以中国为主导的供应链体系，所以盟主型跨境供应链是跨境供应链的主要类型。盟主型跨境供应链的管理要以"盟主企业"为首，以该核心企业的供需满足为主，盟主企业的供需得到保障将会带动整条供应链供需的满足，促进整体发展。

**(2) 同位型跨境供应链**

在实际的跨境供应链中，我们并不能保证所有中国企业都在供应链中占据主体地位，也有一部分跨境供应链是中国企业与其他所有节点企业都处于同等重要的地位，也就是同位型跨境供应链。在同位型跨境供应链中，虽然中国企业并不占主体地位，但是中国企业也是该条供应链中不可或缺的部分。同位型跨境供应链的管理相较于盟主型跨境供应链，要更注重每一个企业、每一个环节的管理。随着近几年我国电商技术的发展，电商平台逐渐渗入供应链管理领域当中。对于同位型跨境供应链，我们可利用国内优秀的电商公司搭建系统平台，对整条供应链进行信息协调、调度等管理，以达到我国主导跨境供应链体系的目的。

### 3.1.4 根据跨境供应链不同的模式分类

**（1）M2C 模式**

M2C 即 Manufacturer to Consumer（生产厂家对消费者），是指生产厂家直接对消费者提供自己生产的产品或服务，特点是流通环节减少至一对一，销售成本降低，从而保障了产品品质和售后服务质量。M2C 模式跨境供应链示意图如图 3-1 所示。

图 3-1　M2C 模式跨境供应链示意图

**（2）B2B 模式**

B2B 即 Business-to-Business，是指企业与企业之间通过专用网络或 Internet 进行数据信息的交换、传递，开展交易活动。在跨境供应链管理中主要是保税自营＋直采模式，这一类型的主要跨境电子商务企业有京东、聚美、蜜芽等。这种模式的优点在于跨境电子商务企业能够直接参与货源组织以及物流仓储买卖流程，这也就使其流转效率很高，有着很高的时效性。缺点则在于跨境供应链上的商品品类受限，这种管理模式下主要是以爆款商品为主，有些国家和地区的商检和海关是相互独立的，根据各地的政策不同，能够进入的商品也不尽相同，而且会有很多限制；除此之外，还有成本问题，不管是搞定上游供应链还是提高物流时效、在保税区自建仓库，又或者是做营销吸引顾客，都需要资金，也就意味着成本压力会很大。B2B 模式跨境供应链示意图如图 3-2 所示。

图 3-2　B2B 模式跨境供应链示意图

### (3) BBC（保税仓）模式

保税仓模式是跨境电商不断发展下的重要产物。保税仓模式分两段物流：国际段和国内段。商品完成国际段的运输后，要在该平台建立的保税仓进行拆包、检验、清关、分拣和打包，再通过国内快递公司寄给消费者。跨境供应商首先将商品运输至保税区的仓库，然后通过跨境电商企业对外销售，确定订单后，再由保税区直接进行商品分拣、检验、包装，最后从仓库运输出去。保税仓模式的最明显优势，就是充分享受了保税区或自贸区的平台优势和政策优势。跨境供应链服务企业通过保税模式进行邮出，与跨境电商平台合作为其提供货源，然后平台提供消费者的订单，最后由跨境服务商直接发货给最终用户。保税仓+国内物流模式采取跨境直采、入库自营的模式，用户下单后，平台从保税区清关发货，再通过第三方物流送货至用户。典型的平台有：天猫国际、蜜芽宝贝、小红书、京东全球购。

### (4) 海外仓模式

海外仓是近些年不断兴起的跨境电商供应链管理模式。海外仓的管理模式为：跨境电商企业在境外的目的地直接建立仓库，将货物预先直接运送至仓库，并以跨境电商的形式进行网上销售，当消费者的订单生成时，跨境电商企业利用仓库直接进行商品的运输和配送。这种管理模式与传统模式相比，具有物流时间短、物流管理成本低的优势，同时在商品检验、商品退换货等方面也有更好的管理方案。劣势在于跨境电子商务企业最终要竞争的是境内的销售能力，所以还是对本土消费者的把握和考量更为重要。

### (5) S2B2C 模式

S2B2C 中，S 即大供货商（supply），B 指渠道商（business），C 为顾客（customer）。一方面，跨境电商平台将优秀的供应商筛选出来给渠道商提供集中采购的机会；另一方面，跨境电商平台给渠道商提供技术支持、服务培训和系统集成等，使得渠道商能更好地为最终客户服务。这个模式构建跨境供应商、商家与消费者的协同链条，跨境供应商与渠道商共同服务于消费者，渠道商对消费者的服务离不开跨境供应商的支持，但是跨境供应商也同样需要通过渠道商来给消费者提供服务，使跨境供应链上的各方成为共生共赢的关系。S2B2C 模式跨境供应链示意图如图 3-3 所示。

图 3-3　S2B2C 模式跨境供应链示意图

## 3.2　跨境供应链的特点

### 3.2.1　中国主体性

美国供应链管理专业协会中国首席代表，同时也是中国综合开发研究院物流与供应链管理研究所所长的王国文博士强调，国际上没有"跨境供应链"的概念，与之最接近的概念是"全球供应链"。"跨境供应链"应该是中国根据自己产业发展的实际情况，在特定历史时期（跨境贸易、制造产业数字化大发展阶段），强调中国自主主导的"全球供应链"概念。跨境供应链的中国主体性是将跨境供应链与全球供应链进行区分的主要依据。跨境供应链概念的主体是中国，是中国在跨境贸易大发展、制造产业数字化这个特定的历史时期，根据本国各个产业发展的实际情况，提出的由中国主导建立的"全球供应链"体系。

供应链管理理念是物流管理理念的延伸，而我国物流管理理念和管理技术大多借鉴于美国和日本等发达国家。随着世界经济一体化以及贸易全球化的推进，我国积极参与到全球供应链网络体系当中，我国也从中汲取了很多精华，在推动我国贸易和制造业兴起的基础上，极大地促进了我国物流、供应链产业的建设与发展。然而当前我国供应链外包服务比例较低，执行国际采购和国际分销等高级供应链服务业务的企业缺口较大，仍以国外企业为主。我们要转变发展方向，以外部海外仓、内部自贸区为支点，以电商为数字信息化纽带，扩展供应链高级服务项目，搭建起以我国为主体的跨境供应链体系。

### 3.2.2　虚拟复杂性

**（1）跨境供应链的虚拟性**

虚拟供应链的概念最早是在 1998 年提出的，是指客户可以从由多个企业组成的虚拟供应链联盟直接订货。在工业 4.0 的背景下，电子商务、人工智能以及大数据不断开拓创新，突飞猛进，跨境供应链的提出，是建立在产业数字化的时代背景之上的，跨境供应链的运作与形成离不开网络数据。供应链的运作主要包括物流、商流、信息流、资金流四个方面，为了对跨境供应链实施高效运作与管理，供应链的信息流几乎完全由网络实现，商流也由线下纸质版合同的签订逐步转移到线上进行电子合同签订。信息本身无法用实际存在的单位去度量，信息的流转更是如此，信息的增加只是不确定性的减少。商流的交易形式逐渐从现实操作转向虚拟操作。继虚拟供应链的概念提出之后，戴尔公司将虚拟供应链整合为商业模式，快速开拓市场，取得成功，该商业模式逐渐被更多企业借鉴。虚拟供应链的整合是指以一个核心能力为中心，借助 IT 工具与跨境供应链其他企业进行合作，以此提供终端产品与服务的策略联盟。在如今互联网技术发展的背景下，跨境供应链的内容错综复杂且范围广泛，为了高效快速地进行供应链整合与管理，必须借助大数据和人工智能等技术，这也是虚拟供应链整合的一种。

无论是从跨境供应链的内容来看还是从管理模式来看，虚拟性都是互联网技术对供应链行业逐渐渗入的必然结果，跨境供应链的虚拟性既增加了供应链虚拟网络信息安全的漏洞，又体现了虚拟供应链管理的时效性，是一把双刃剑，我们要在不断优化网络信息安全的前提下推进跨境供应链网络高效管理，补齐跨境供应链虚拟性的短板。

**（2）跨境供应链的复杂性**

跨境供应链的虚拟性与跨境供应链范围的广泛性共同决定了跨境供应链的复杂性。

跨境供应链的虚拟性使得供应链的无形运作与信息流转逐渐增多，这些是通过实际贸易交易过程"看不见""摸不到"的操作。虚实结合的管理方式促进了供应链的计划、组织、协调、控制等各方面的管理效率，但也提高了跨境供应链的复杂性。常规的简单操作要转移到利用互联网、人工智能等方式进行处理，这要求供应链增强网络信息安全建设，提高网络风险安全意识，也使得供应链需要引进大量互联网人工智能方面的高素质人才，这只是跨境供应链复杂性的一个细微体现。

供应链涉及多个节点企业，管理又要从宏观的整体供应链细化到每个企业的每个部门，这本就是一个相互影响的复杂的系统，跨境供应链又涉及多个国家，体系更加庞大，复杂度更高。无论是从供应链的四流管理还是从供应商的采购到终端用户的使用,在每一个方面都增加了更多的流程和影响因素,地区性的经济周期问题、地区性的资金政策和投资问题、地区性的贸易政策和实践问题、地区性的环境政策和实践问题、政治的不确定性问题,方方面面都增加了跨境供应链的复杂程度。由此可见,跨境供应链的复杂性是一种必然。

### 3.2.3 高风险性

跨境供应链中的各种不确定因素导致了跨境供应链的高风险性。跨境供应链上的节点企业可能由于自身经营战略、目标市场、技术运作水平和企业文化之间的差异,增加了跨境供应链运作中的不确定性,这种不确定性可能是跨境供应链环节中的供应、需求以及跨境供应链企业内部制造的不确定性,也可能是由于跨境电子商务供应链企业在生产过程中各种无法事先预测的不确定性因素导致的。除此之外,也有可能是由跨境供应链自身的脆弱性造成的,跨境供应链风险因素导致跨境供应链运行效率降低,成本增加,对跨境供应链系统造成破坏,影响各成员之间的满意度。由于跨境供应链的参与方比普通的国内供应链更多、跨地域较多、中间环节较多,容易受到来自外部环境和链上各实体内部不利因素的影响,产生各种风险后果。

### 3.2.4 动态选择性

动态性是系统运行的要点之一,系统作为一个运动着的有机体,其稳定状态是相对的,运动状态则是绝对的。系统不仅作为一个功能实体而存在,而且作为一种运动而存在。系统内部的联系就是一种运动,系统与环境的相互作用也是一种运动。

跨境供应链面对着更多的厂商的选择,用户需求的多样化、市场环境的复杂化、服务响应及时化,共同决定了跨境供应链的动态选择性。从供应链满足客户需求的目标来看,市场需求不稳定性越来越强,这就要求供应链为此不断调整供应产品、供应市场以及供应能力,从而导致了供应商的不断变更或是市场的重新选择。

从风险角度来看,跨境供应链的厂商所处环境更加复杂,供给线更长,突发事故会导致某些成员企业暂时失去响应能力,如不及时更换该节点企业,可能会导致供应链中断。由此可见，跨境供应链的动态选择可对突发情况进行灵活响应，供应链柔性更强，可降低风险。

追求市场灵活响应和风险防控共同决定了跨境供应链存在动态选择性。动态选择性可能会导致供应链的成本增加，但是动态选择性是由供应链管理的优化目标决定的，动态选择性是为了跨境供应链更好的稳定性而存在。

### 3.2.5　整体协调性

供应链是一个系统，跨境供应链则是相较于普通供应链更为复杂的、范围更广的系统，无论是普通供应链还是跨境供应链，其目的都是满足客户需求，这就需要注重其整体功能的协调。

整体协调性是供应链成员企业独自运作所不具备的特性。整体协调性是在供应链所有企业同意以供应链整体目标优先的基础上产生的特性。整体协调性在跨境供应链中体现在各个节点企业的有机结合，由于供应链的整体涌现性，供应链的各个环节通过相互合作，往往都会实现一加一大于二的集成效应，从而提高供应链的竞争优势。整体协调性得到合理的利用会使得每条供应链都可以在各个环节减少许多不必要的成本，避免资源浪费，这一点在跨境供应链中表现得尤为明显。

### 3.2.6　覆盖面广

跨境供应平台从最末端的跨境供应商到最前端的最终用户，在整个跨境供应链上同时涉及多个国家和地区，覆盖面广，物流在不同的国家之间进行，要跨越不同的地域，要经历很长的路途，需要变换不同的交通工具，到达不同的用户手上。

### 3.2.7　高技术要求

不同国家之间受到经济发展水平、科学技术力量和政治体制等因素影响，这也会直接影响到跨境供应链的信息技术发展，尤其是随着现代科学技术的不断发展，电子信息技术已经成为很多行业发展的重要基础。目前跨境电子商务的发展迅速，信息技术对跨境电子商务发展的重要性不言而喻，为了使跨境供应链能够在各个国家更好地发展，必须对科学技术有更高的要求。

## 3.3 跨境供应链管理的特征

### 3.3.1 合作博弈管理

供应链的合作博弈是指供应链内部企业之间的合作博弈。20世纪50年代初，约翰·纳什发表了"纳什均衡"理论，使得博弈论逐渐得到企业家和经济学家的重视，企业家将博弈论中针对人与人之间的利益的冲突、竞争、合作的研究，逐渐引入企业与企业之间的竞争、合作的研究中，供应链内部企业之间的合作博弈关系也由此而来。

纳什均衡理论是基于博弈论"囚徒困境"这一假设之下的。"囚徒困境"是指两个罪犯在一起作案时被警察逮捕，但是由于没有足够的证据，由两个警察对两个罪犯同时进行单独审问，并且每个警察都对罪犯说："只要你提供另一个罪犯的犯罪证据，你就可以得到释放。"但实际的罪犯行为与结果是：双方都不坦白，警方没有证据，全部释放；一个坦白，一个不坦白，一个得到释放，另一个罪犯被判刑10年；全部坦白，两个罪犯同时被判5年。

这种情况下，实际的难题是两个罪犯并不知道对方能否在该条件下保持沉默。由于罪犯互相之间的不信任，他们不会选择全都不坦白的最优结果，因为两个罪犯都会担心因对方坦白而自己被判刑10年，所以最终的结果会是两人同被判刑5年。

"囚徒困境"表明在无法掌握完全信息的情况下，两个人都会优先从自身利益考虑，而这个结果的产生是因为任何一方都无改变选择的动机，所以这个结果是必然的，这就是纳什均衡。

在供应链内各个企业之间的关系就如同这两个罪犯，在同一个大的市场经济环境下，如何选择合作企业是两个企业之间的共同选择，双方如果都履行合约，达成长期合作，就会获得长期的均衡效益，但两个企业往往无法判断对方是否能够一直履行合约，所以会出现一方履行合约、一方违背合约的情况，这种情况下履行的一方会产生负效益的结果，违约的一方产生多效益结果，但是双方会因一次违约导致合作破裂，再无后续盈利。最坏的情况就是双方都选择违背合约，这时不仅双方全无后续盈利，而且将会因为全部违约导致对方彼此都出现负效益的结果。其选择与结果如图 3-4 所示。

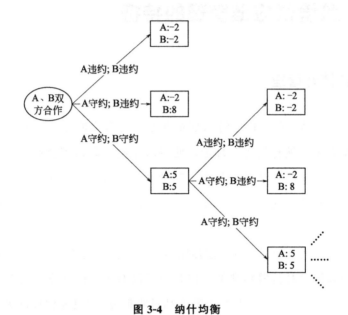

图 3-4　纳什均衡

由此可以看到，只有在双方均一直保持守约的情况下，才会获得持久的、共赢的结果。

纳什均衡属于非合作博弈均衡，情况假设是博弈双方都无法掌握完整信息的前提下做出的选择。而随着现在电子商务的发展，信息传输已经不再是障碍，供应链企业之间的非合作博弈将会逐渐向合作博弈转变，为供应链企业追求最优利益，为跨境供应链的整体效益最优化提供有力依据。

### 3.3.2　与跨境电商共同发展

跨境供应链的信息共享与管理凌驾于整条供应链之上，又贯穿于供应链之中。通过终端用户需求的数据信息，对供应链起点供应商的供应计划进行调整，通过供应链内部每一节点的数据信息的实时共享，对内部每一相关节点企业运作进行逐个调整，以实现跨境供应链管理最优化。我国当前跨境供应链的信息管理已经具有较好的借鉴基础,那就是我国跨境电商的发展。

随着互联网革命的不断深化,我国电子商务技术的不断发展,海外代购逐渐兴起,跨境进口贸易通道逐渐以这种方式打开,跨境电商的初级模型诞生了。在跨境出口贸易方面,我国出口企业利用电子商务技术,不断在国际市场开拓新的出口渠道,有力地规避了部分国家的贸易壁垒。我国电子商务的发展在跨境贸易方面取得了一定的成效。

而随着跨境电商的逐渐兴起,跨境贸易的开拓推进,搭建跨境供应链的必要性也随之体现出来。从传统的海外代购到跨国企业之间贸易进出口,跨境电商的范围从B2C业务逐渐延伸到B2B业务,尽管当前B2C业务还是跨境电商的主要业务,但是我国跨境电商的发展达到一定规模之后,必定需要跨境供应链为其提供相应的服务和创新,跨境供应链的概念也随着跨境电商的发展而逐渐被人们提起。

跨境电商所面向的市场是国际市场,面临着多元化的消费群体,不同的法律制度,复杂的消费结构,以及不同的基础设施条件,因此,跨境电商企业面临着资金管理、市场开拓、产品运营,尤其是供应链管理等诸多难题。跨境供应链的搭建为跨境电商平台提供了广阔的市场空间,为跨境电商市场的开拓提供了强大的推动力。跨境供应链的建立,使得我国企业由对接国外贸易商的传统贸易方式,转化为我国企业直接与国外的零售商甚至是消费者对接的贸易方式变为可能。而由于我国跨境电商具有多年的跨境业务处理经验,跨境电商的加入也为跨境供应链的建设提供了基础,使得我国企业能够更快适应、占据跨境供应链的主导地位,为跨境供应链的信息传播、共享提供了便利的管理平台。

## 3.3.3 风险管理

由于跨境供应链环节更多,范围更广,因此供应链管理风险自然会增加。供应链的风险主要包括供应管理风险、生产制造管理风险、需求管理风险三个方面。

**(1) 供应管理风险**

供应管理风险主要来源于供应商的选择与管理、供应渠道的竞争、供应商订单的分配三个方面。

① 供应商的选择与管理会影响整条供应链供应源的稳定性。供应商的选择出现问题将会导致整条供应链难以正常运行,严重的还会导致供应链的瘫痪,甚至

是解散。

② 供应渠道的竞争日趋激烈，为了在竞争中取得优势地位，企业一般会选择与供应商搭建长期稳定的合作关系，但是这会严重影响应对当前市场多样化需求的柔性供应，无形之中给供应链增加了一道"枷锁"。

③ 供应链中由于"牛鞭效应"的存在，在过多的流通环节中，从供应商采购的商品能否满足终端消费者的需求，供应商采购的商品是否会增加各种库存运输等各种成本，到供应商订单下发的时间是否能够及时响应市场需求变化的时间，这一系列的问题都是供应订单可能引发供应风险的原因。

**(2) 生产制造管理风险**

生产制造管理风险主要是指生产制造运作风险、产品设计的不确定性、生产过程中的道德风险。

① 生产制造运作风险主要是指在生产制造管理时间节点上与后续需求时间差上的变化风险。跨境供应链的生产制造企业与上下游企业签订协议后，通常都是根据过去阶段的需求预测未来需求而进行大规模的生产，但是由于生产规模较大，且需求预测是按照过往的需求进行预测的，当在一定时间内市场需求发生突变，市场需求与该时间段的产量严重不符时就会产生很严重的后果。此类风险是产品制造管理风险的主要风险因素。

② 产品设计的不确定性风险是由于消费者需求偏好的多样化与多变性所导致的。产品设计针对的人群在当前偏好于某种产品设计，但是随着时间的变化，当该产品从设计到生产到进入市场销售一段时间之后，此类产品设计是否还能满足当前消费者偏好是一个很大的未知数，存在着很大的不确定性。

③ 生产过程中的道德风险是指供应链中各个企业为了获取足够的生产时间或者其他原因而选择虚报、谎报生产信息，拖延整体供应链运作时间以及服务质量，甚至存在产品质量方面的投机取巧，从而严重影响整条供应链的竞争地位。

**(3) 需求管理风险**

需求管理风险主要包括供应链内部因素的需求波动以及外部因素导致的需求随机波动两个方面。

① 供应链内部因素的需求波动主要是由供应链内部企业之间协作性差导致的。由于企业与企业协调不周，导致物流延长、库存增加等一系列弊端，又由于"牛鞭效应"的存在，致使供应链起点的订单量与供应链终端用户的需求量产生巨大的差距。保证供应链内部企业之间的密切合作与协调管理，是减缓这一风险的主

要方式。

② 外部因素导致的需求随机波动是指由于突发灾害、战争爆发、恐怖袭击及政治变化等因素引起的需求波动。这类风险由于其突发性往往不可控，只能通过预防来缓解受到此类风险的影响。如 2020 年新型冠状病毒肺炎疫情爆发，由于疫情的突发性，导致口罩等医疗用品需求暴涨，而受疫情影响，电影院等线下娱乐行业需求暴跌，损失巨大。

### 3.3.4 以消费者为中心

不管是国内的普通供应链还是跨境供应链，其发展的前提都是消费者的需求，如果没有消费者需求，那么供应链的运作也就没有了意义，跨境供应链上所有的活动，都是为了更好地满足和激发客户的需求。

跨境供应链管理的活动，比如跨境供应链企业的构成、跨境零售商的选择、跨境制造商的考核，都是需要根据最终消费者的需求来制订计划的，如果不遵循消费者的意愿，那么最终制造出来的产品就无法销售出去，整个跨境供应链管理的目标就无法实现，还会导致库存积压、供应链条崩溃。因此，跨境供应链管理必须以消费者为中心。随着世界经济的发展，物质条件的逐渐丰富，经济增长趋势逐渐由消费主导型代替生产主导型，消费者需求逐渐多样化、个性化，供应链之间的竞争也日趋激烈。一条供应链能否在日渐激烈的竞争中占据有利地位，取决于其是否能更快速、高效、灵活地满足消费者的需求。

中国要想建立自主自导的跨境供应链体系，也一定要从需求出发，抓住吸引市场的供应链核心节点的核心服务或技术，以用户需求为出发点主导整个供应链体系。

### 3.3.5 信息技术支撑

跨境供应链管理是一种全球性行为，其交易行为涉及的对象包括跨境供应商、跨境零售商以及各国的消费者，各种对象的交流与合作都需要有一个稳定和强大的网络环境作为前提；在实际的跨境供应链管理过程中，经常由于存在的风险而导致跨境供应链上的活动延迟或者受到阻碍，比如机器故障、数据缺失、原材料延迟到达等情况，也都需要一个高效的网络基础平台进行支持；在复杂的环境中，假冒伪劣产品、侵犯知识产权、跨境支付不安全等问题也愈加明显，需要一个安全的支付交易环境。跨境供应链管理有效发展必须有有效的技术支撑。跨境供应链管理中信息技术支撑关键要素示意图如图 3-5 所示。

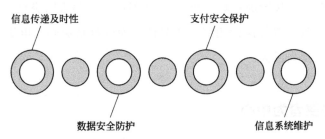

图 3-5　跨境供应链管理中信息技术支撑关键要素示意图

# 第 4 章

# 跨境供应链的构建与设计优化

## 4.1 跨境供应链的体系框架

### 4.1.1 跨境供应链构建的实际原则

**(1) 安全性原则**

跨境供应链区别于国内供应链的主要地方在于其涉及跨境运输这一环节，其中的报关、检疫检测更应该注意安全性的原则，避免发生意外，对整个供应链产生破坏。除此之外，在货物交付方面跨境供应链涉及的供应商更加复杂多样，其安全性原则也就更为重要。

**(2) 动态性原则**

跨境供应链运行过程中，各种不确定性因素随处可见，容易干扰到跨境供应链的运营，因此要及时地预见各种不利因素的发生，提前预测到其对整个供应链运营将会产生的影响，主动采取措施来调整供应链的各个环节。因此，跨境供应链在设计时不能一成不变，要有能根据环境变化而做出反应的能力。

**(3) 战略性原则**

所谓战略性原则是指跨境供应链里的所有参与者，无论是生产端、消费端，还是物流端的所有参与者都应有战略性的眼光，有供应链发展的长远规划和预见性，使整个供应链系统的结构发展都朝着好的方向前进。

**(4) 双赢性原则**

跨境供应链构建时应一贯坚持与供应商之间建立合作伙伴关系，以公平透明的合作来共同降低商品的成本；不让某家供应商成为某种商品的独家提供者，帮助供应商改进工艺、提高质量、降低劳动力成本、控制存货量。通过建立长期稳定的合作伙伴关系，取得双赢的结果。

**(5) 简洁性原则**

跨境供应链应该具备快速响应的能力，这就需要供应链的各个环节都是精简的、具有活力的，能实现业务流程的快速组合。无论是供应商的选择还是产品的开发及配送，都应该具备简洁性的原则，以提高整条供应链的快速响应能力。

**(6) 创新性原则**

没有革新的思维，就不可能有新的管理模式，因此革新性设计是系统设计的重要原则。在构建供应链时，要敢于打破各种陈旧的思维框架，从市场需求出发，用新的角度、新的视野审视原有的管理模式和管理体系，并在企业总体目标战略的指导下，综合运用企业的能力和优势，进行大胆的革新设计，并与其他企业共同协作，发挥供应链整体优势。

## 4.1.2 跨境供应链的基本结构

跨境供应链系统体系庞大，企业种类繁多，活动复杂，由小到大，由内到外，还涉及各个环节的衔接工作。跨境供应链中的构成主要包括供应商、生产制造商、分销商、零售商、用户以及贯穿整个供应链全程的相关物流企业和跨境电商企业。

在跨境供应链中无论是进口供应链还是出口供应链，在供应链形成之后其基本流程都是从供应商提供原材料开始，中间可能经过一层或多层的不同供应商进行半成品加工，再将这些材料和半成品汇集到生产制造商，由核心制造商进行成品加工，再将成品分发给各个部分的中间商或直接配送给零售商，最后由零售商销售给用户。在整个过程中，物资的流动需要物流企业进行运输、仓储、流通加工等相关工作的管理，跨境电商企业为供应链提供信息数据的传输及共享。跨境供应链的基本结构如图 4-1 所示。

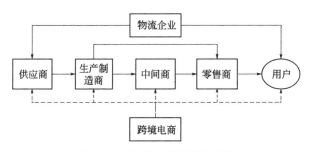

**图 4-1 跨境供应链的基本结构**

## 4.1.3 跨境供应链的流程

跨境供应链的流程应该包括生产端、物流端、消费端几个部分。其中生产端的作用在于为供给方提供从原料到粗、精加工品实体产品,在供给方收到需求方订单申请后,把信息传递到物流端,并支付相应费用,发起供应链服务需求。而物流端的作用则在于确认需求,并进行相应运输、包装、仓储、加工等服务,与此同时,还有报关、通关等具体到跨境物流的服务,所涉及产品依品类、目的地及运输条件的区别分别划拨,最终往往借助多式联运形式把货物运抵消费端。消费端也就是需求方,其在发起订单申请及支付后,可对订单产品进行跟踪并最终确认。跨境供应链的流程如图4-2所示。

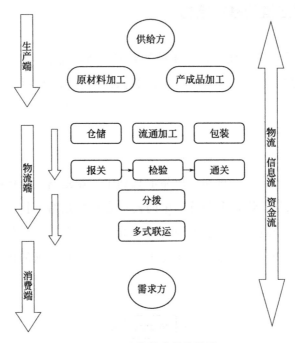

**图4-2 跨境供应链的流程**

换个角度来看,跨境供应链也属于供应链的一种,具备所有供应链共有的流程,即物流、商流、资金流、信息流四项内容的流通。

(1) 跨境供应链的物流

物流最重要的两个功能就是运输与仓储,跨境供应链涉及全球范围的物资流动,这对物流来说是一个极大的挑战,针对这个问题,"一带一路"倡议的提出与实施为跨境物流提供了发展动力与机遇。"一带一路"倡议实施的第一步就是打通各个成员国之间的物流通道,促进各国之间的贸易往来,带动彼此的经济发展。"一带一路"倡议的实施为跨境物流提供了六大通道,分别是新亚欧大陆桥物流通道、孟中印缅物流通道、中蒙俄物流通道、中国-中南半岛物流通道、中巴物流通道以及中国-中亚-西亚物流通道。这六大物流通道为跨境物流的运输提供了四通八达的渠道，促进了中国产品流向世界和世界产品走进中国。在物流仓储方面，第三方物流海外仓的建设为跨境物资的存储提供了保障。海外仓的建设，不仅解决了跨境物资的存储问题，对于跨境直邮出现的退换货难、物流通关时间长等问题也提供了很好的解决方案。跨境客户发出订单之后，可以直接从该国境内的海外仓配货发货，甚至可以实现门到门的服务，完美地解决了因跨境带来的"最后一公里"的问题。无论是"一带一路"倡议的实施，还是第三方物流海外仓的建设，都不仅是跨境物流的依靠，也是搭建新型跨境供应链极其有利的条件。

**（2）跨境供应链的商流**

商流是供应链内部企业之间商务来往的信息流，内容主要有客户管理、商务条款、商务合同等因素，是供应链联动与运行的源头。随着互联网、云计算、智能终端的普及和发展，支付体系的日趋完善，跨境供应链的商品流通有了技术支撑，所有权交接几乎全部在线上进行。跨境电商的加入为跨境供应链商流提供实时信息共享，资金透明，信誉验证等，使得商流转移有了安全保障。

**（3）跨境供应链的资金流**

资金流是跨境供应链能够维持下去的决定性因素，资金流得不到保障，企业将没有参与供应链运营的动力，甚至可能会影响企业生存，致使供应链断裂。若想保证跨境供应链的资金流得到保障，要从资金流的流速、流量和流向三个方面入手。保证资金流的流速可以保障供应链的各个节点企业联系密切，流速越快，表明市场越活跃，给企业以及供应链带来更多的生机。资金流的流量是分析供应链经营状况的"监测器"，跨境供应链资金流流量的变化反映了供应链经济扩张与收缩的过程，为管理者提供了经营策略调整的依据。资金流流向是指资金的转移方向，一般与物流方向成反向关系，通过对资金流流向的分析可以掌握资金主要注入节点是哪里，也可以衡量出每一个环节的成本投入与资金回流之间的差距，是否有亏损情况产生。

**（4）跨境供应链的信息流**

信息流是供应链成员达成合作关系之后，供应链内部以及供应链与外部之间的业务往来的各种信息的流向，是整个供应链的指令源头。供应链的管理者要整理收集足够的数据、信息，通过以往的历史数据、上市产品信息、退市产品信息、客户订单、工厂产能、工厂采购能力、物流仓储能力等相关信息及时调整供应链发展策略和规划。随着互联网大数据以及人工智能等技术的引入，跨境供应链数据信息收集与计算能力得到很大提升。

信息流贯穿整个跨境供应链的始末，随着电商企业的加入，跨境供应链的信息主要依托于电商平台进行共享和传输，用户可以通过手机或电脑终端实时获得想要了解的商品信息，供应链企业可以通过供应链系统平台进行信息的交流和共享，依次来制订产品生产或库存周转等相关计划。

## 4.1.4　跨境供应链的主要活动

跨境供应链成立的根本目的是把供应链生产的商品卖给消费者，各节点企业各自分工从中获得经济利益。供应链活动主要包括产品开发制造、产品配送及产品销售三个方面，这三个主要活动是相互影响并且作业时候有所交叉的。

**（1）产品开发制造**

产品开发制造主要包括产品的规划设计，产品需求的预测，产品生产和质量管理。

① 产品的规划设计分为长期计划与短期计划。长期计划通常是3～5年的规划，由于时间较长，所做的规划多为大致方向上的战略规划。短期规划一般是3～12个月的规划，根据长期规划的方向进行细致的短时间产品策略规划，明确短期目标，如何实现目标，如何利用资源等。产品的规划设计的步骤是调研分析背景和现状、明确产品的核心价值、产品整体规划、产品财务规划和产品设计。

② 产品需求的预测是制订产品生产计划的前提，包括产品销售量、市场占有率以及产品设计款式的需求变化趋势等。产品需求预测方法分为定性、定量两种类型。定性预测方法包括德尔菲法、部门主管意见法、用户调查法等；定量预测方法包括因果关系模型以及时间序列模型两大方法。需求预测结果出来后制订相应的生产计划。

③ 产品生产和质量管理。产品生产活动主要包括产品计划、产品采购、产品制造、产品质控、产品设备、产品生产效率、产品库存以及员工的管理活动等。产品质量管理的活动内容包括确定质量指标、确定质量检验标准、质量检测、质量控制以及质量改进几项内容。

**（2）产品配送**

产品配送不仅仅是指产品在企业内的运输配送，还包括畅通产品的销售通道以及物流成本的降低等一系列管理活动。

产品配送的基本模式包括自营型配送模式、第三方配送模式、外协配送模式和综合配送模式，在供应链中配送模式主要以第三方配送和外协配送模式为主。供应链中往往会引进专业的物流企业来对供应链较为复杂的物流环节进行专业化运作，而因为供应链企业与物流企业协作关系的深入，为了方便物流企业对物流流程的管理，部分环节的配送可以完全由第三方物流企业代为实施。外协配送模式是指供应链中的节点企业出于对整条供应链成本和效率的考虑，与该企业上下游合作企业达成配送协作关系，双方相互配合以达到配送效率最大化。

销售渠道的畅通是指供应链中的企业个体要保证供应到本企业或本企业生产出的产品可以顺利流入到供应链的下一节点中，不要因本企业销售渠道的问题致使货物滞留，造成整条供应链堵塞。

**（3）产品销售**

产品销售活动包括产品营销、商品的及时补充和产品销售数据的管理。产品的营销方式对消费者购买欲有深刻的影响，一个精致的包装、一条吸引力强的广告，都会改变消费者对一个产品的印象与态度，从而影响产品的销售情况。

商品供应受到整条供应链运作的影响，而销售的供应情况导致的结果又会反作用于供应链之中：商品供过于求，供应链终端的库存积压会向上游企业逐层反噬，最终导致供应商、制造商停产，中间商、零售商商品滞销；商品供不应求、供应不及时会造成市场浪费，上游企业生产能力不足，导致供应链对市场反应过慢。

销售情况决定了整条供应链的生产、采购、供货等一系列活动的规划，产品的销售数据和销售额是整个供应链运作最终的成果反馈，供应链管理者要根据一段时间内销售结果的变化来反思整条供应链中哪一环节出现了问题，是产品的设计不符合消费者的偏好还是供应链成本管理不当致使销售出现亏损。

## 4.1.5 跨境供应链的网络结构

随着全球化的发展，企业获得了巨大的发展空间，国内企业逐渐将眼光瞄向国外，与此同时也增加了风险。高效能的供应链充分利用全球化，设计出合理的跨境供应链网络。跨境供应链网络涉及的基本问题应当包括设施布局、产能分配以及市场分配。设施布局即设施选址问题，产能布局即每个设施应该分配多大产能，市场分配即各个地区的设施应该服务于哪些市场。
除此之外，跨境供应链网络还应该进行风险测评。跨境
供应链网络设计考虑因素如图 4-3 所示。

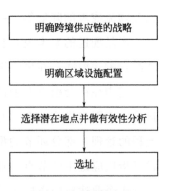

图 4-3 跨境供应链
网络设计考虑因素

(1) 战略因素

不同的企业有着不同的战略，战略在供应链网络设计中有着重要的影响。有些企业的战略将成本视为极其重要的一环，例如富士康公司将很多工厂地址设在发展中国家来减少租金成本和劳动力成本。相反，也有很多企业更加重视市场反应能力，因此，他们就把工厂选在更靠近市场的地方，尽管要支付更高的成本。全球供应链网络通过在不同国家发挥不同作用的设施，能够很好地支持公司的战略。

(2) 经济因素

经济因素涉及的范围十分广泛，对于跨境供应链而言，其区别于国内供应链的地方主要在于关税和运费。关税是指产品经过国界、洲界必须支付的费用。关税对供应链选址有着非常大的影响，如果一个国家的关税很高，那么基本就要放弃这个国家的市场，除非在该国家建立工厂以规避关税。除此之外，很多发展中国家都对食品、运输等提供了额外的税收减免政策，例如我国对高新技术产品是完全免税的，如摩托罗拉在我国设立工厂就享受了很好的免税政策。另外，不同国家和地区的货运和燃料成本的波动对任何全球化供应链的利润都有显著的影响。

(3) 政治因素

一个国家的政治稳定性也决定了企业是否会在这里选址。企业更喜欢将设施选址在政治稳定的国家，在那里进行的商务活动比较完善，也受到一定的保护。我们知道，政治因素很难进行量化，但是有些指数如全球政治风险指数也是企业需要考虑的风险指数之一。

(4) 技术因素

技术因素对跨境供应链网络设计的影响主要表现在，是否会因为技术而产生规模经济。如果技术达到了可以拥有高产能的生产设施的高度，就可以减少工厂的设立，从而减少成本增加效益，相反就需要设立更多的工厂。

(5) 劳动力因素

不同的产品和生产方法，所要求的劳动力数量和质量是有区别的。许多国家劳动力资源的分布是很不平衡的。这种不平衡既表现在数量方面，也表现在质量

方面。另外，不同地区劳动者工资的水平是不一致的，但是工资水平本身并不是重要的参数。这里起决定作用的是劳动力成本。低工资水平或许是一种诱惑，但是若低工资水平与低劳动生产率像孪生兄弟一样联系在一起，则有可能抵消低工资水平所带来的收益。同样的，劳动力供应的短缺，也会导致工资标准今后上升到超出地区调查时的标准。

**(6) 环境因素**

生产系统的产出包括产品也包括废物。环境保护问题日益受到人类重视，近年的毒气泄漏事件和核电站事故使人类得到血的教训。生产系统直接形成的污染包括空气污染、水污染、噪声污染等。各国和各地区纷纷制订了保护当地居民区及生态环境的各种环境保护法规。民间组织也活动频繁。同时，受污染危害的工人也对企业构成极大的压力。因此，在设施选址过程中应充分考虑环境保护的因素，应便于进行污染处理。

## 4.2 跨境供应链中企业的角色

跨境供应链由分布于全球各地包含中国在内的供应商、制造商、中间商、零售商和用户共同组成。因为这些企业在同一条供应链中所处的环节不同，所以他们在供应链中所扮演的角色也有所差异。

### 4.2.1 制造商企业在跨境供应链中的角色

制造商又称为"生产厂商"，是将自制或者外购的原材料、零配件或半成品通过加工程序和手段，制造为成品产品的主体企业。在供应链中，制造商位于供应商和中间商之间。在以需求为导向的市场发展趋势下，产品的质量与价格是驱动消费者购买产品的两大主要因素。而随着国民经济的发展，人们生活水平逐渐提高，消费者的消费观逐渐由价格导向型转向价格与质量平衡导向，从低价格消费趋向于高"性价比"消费，而"性价比"的含义便是产品的质量与其价格的符合程度。制造商企业作为供应链的核心生产加工企业，与供应商企业共同决定了产品的质量。

跨境供应链中的制造商不仅担任产品制造生产的任务，还要承担为了产品的生产加工所需要的一切准备工作，除了每个节点企业都要进行的仓储、配送、采购作业之外，也要承担对整个供应链管理都非常重要的供应商的选择、需求预测等任务。

供应商是供应链的上游企业，供应商的选择关乎整条供应链的后续运作，对整条供应链来说至关重要，供应商的选择包括确定备选供应商；建立评价指标体系；供应商评价；最终选择供应商。

制造商企业的需求预测为供应链管理者的短时间策略制定提供了依据，供应链管理者通过制造商企业的需求预测，来对后续策略进行调整：需求量低时，供应链管理者加大促销投放，刺激需求；需求量高于产能时，管理者可以通过提高产品价格或延长交货提前期来控制产能与需求的平衡。制造商与供应商之间的角色在一定条件下会发生转换，对于下游企业来说，制造商企业为他们的供应商企业，供应商企业本身也是制造商企业。

### 4.2.2 中间商企业在跨境供应链中的角色

中间商是指处于生产者和消费者之间，参与商品经营销售，促使买卖行为发生和实现，具有法人资格的经济组织或个人。中间商在供应链中的主要作用是资源的整合和分配，中间商具有买卖企业所不具有的资源收集能力，是整条供应链的调度中心。在不完全信息的交易中，买卖双方是很难独自寻找到合适的合作伙伴的，中间商的资源整合方便了上下游买卖双方的匹配，加快了交易的过程。中间商的类型主要有以下几种。

**（1）按照商品所有权分类**

中间商按照商品所有权划分可以分为经销商和代理商。

① 经销商。经销商在商品交易中拥有商品所有权，并将其销售给当地或者更容易接触到的客户和消费者。经销商有利于缓解制造商的压力，帮助制造商处理商品退换问题，分担库存，成为制造商和用户之间的缓冲节点。

② 代理商。代理商是指与制造商达成委托协议，从事产品的销售活动，代理商只有商品的经营权，没有所有权。代理商往往具有较多客户源，制造商根据其销售业绩，按照一定的比例向其支付委托费用。代理商主要是帮助产品促销。如今，代理商的代理模式趋向于由代理商寻找客户，消费者下单之后由制造商直接发货给消费者，这不仅拓宽了销售渠道，而且节省了货物中转所消耗的人力、物

力和财务成本。

**（2）按照销售对象分类**

中间商按照销售对象分类，可分为批发商和零售商，由于零售商在供应链中的重要性，我们将在下一节中进行详细介绍。

批发商是从生产企业购进产品，向下游企业大批量卖出产品的中间商。批发商交易商品的特点是大批量、低频率向下游进行交易。在过去的供应链中，批发商掌握多个下游企业或零售商的资源，所以通过与生产厂家交易购进商品，转卖给下游企业。但是随着互联网信息的发展，以及市场资源整合能力的逐渐提高，批发商的存在逐渐使得商品从制造商到消费者手中这一交易流程过于烦琐，批发商面临着被淘汰的趋势。

## 4.2.3 零售商企业在跨境供应链中的角色

零售商企业是指以终端客户及消费者为销售对象的企业，处于供应链的末端位置。因为零售商企业与终端用户直接接触，所以他们对消费者的行为习惯、消费偏好等需求信息有着足够的了解，是所有供应链企业中能够对市场需求变化做出最快反应的企业。零售商企业的经营活动最能响应市场变化，因此供应链上游企业要根据零售商企业的经营变化来改变自己的生产制造策略，使整条供应链的运作能够符合市场变化规律。根据零售商经营商品种类的不同，可以将其划分为百货商店、超级市场以及网络零售商。

**（1）百货商店**

百货商店的诞生标志着零售业的第一次重大变革，被称为"现代商业的第一次革命"。百货商店的改变在于顾客可以在商店里自由进出，商品施行"明码标价"，商品以相同的价格出售给所有顾客，大量商品公共展示，顾客随意挑选，顾客可退换不满意商品。百货商店经营种类繁多，包括服装、鞋帽、首饰、化妆品、装饰品、家电等众多种类商品。当前百货商店这种零售模式已经非常普遍，随着互联网的发展，线上交易的普及，传统的百货商店已经无法满足人们的消费习惯，亟须更新升级，利用线上线下相结合的方式满足消费者的购物体验，从而吸引消费者。

**（2）超级市场**

超级市场又称"自选商店"，首次出现在 20 世纪 30 年代。超级市场除了具有百货商店的优势之外,更倾向于敞开式售货,顾客们购买商品时是自选自取的方式,商场内配备推车或货篮供消费者使用,在挑选商品完毕后,于出口处利用计算机统一进行价格结算。相较于百货商店,超级市场购物环境更加舒适,给顾客更加自由、方便的消费体验。超级市场采购货物规模更大,成本更低,如沃尔玛零售超市将这一优势发挥到了极致,在满足顾客体验的前提下极力缩小成本,以价格优势为基础持续多年占据世界龙头超级市场地位,建立了以零售商为主导的供应链模范标杆。

**(3) 网络零售商**

网络零售商是互联网与电子商务发展的产物,网络零售商通过网络平台直接面向消费者进行销售,打破了传统零售的时空界限。消费者通过网络平台挑选商品,直接在网上下单,商家从网上接到订单,从拣选、包装到发货直接通过网络平台进行信息反馈,物流信息通过 GPS 技术对商品实时定位,直至商品到达消费者手中。网络零售商不再注重线下店面的选择,节省大量的成本与资源。虽然在网络零售发展的初期面临着商品信息不实、顾客信任度不高等弊端,但随着网络安全规范、电子商务法律的完善、电子信息技术的发展以及消费者意识的转变,网络零售模式的普及已经成为必然。亚马逊公司从最初的图书、音乐和影视节目类产品逐渐扩展到生活中各种各样的产品,是目前商品品种最多的网络零售商。当当网是中国网络零售商成功的典范,其以图书出版为零售主体,在中国图书网络零售市场中一直名列前茅,2019 年当当网累计顾客超过 3.5 亿。

随着大量网络零售商的出现,一些传统零售商也意识到了网络零售的优势与发展趋势,逐渐在线下销售的同时融入线上技术,通过线上线下相结合的方式,使顾客既能体验到线上购物的方便快捷,又能体验线下购物的快感。

无论是百货商店、超级市场还是网络零售商,这些零售商都是所在供应链的主要一员。近几年,随着"新零售"概念的提出,零售商的角色逐渐发生变化,零售商不再只是简单的产品售卖者,而且也成了以商品为核心的整个信息化、数字化供应链体系的组织者与主导者。新零售下的零售商以互联网为依托,通过大数据、人工智能等先进手段,对线上服务和线下体验以及现代物流进行融合,能够迅速掌握市场数据,并对其进行分析。新零售的零售方式使得供应链对需求预测更加快速、准确,零售企业将整合到的信息共享给上游供应商及生产制造商,将会使供应链占据优势地位,零售商在供应链中的主导地位也显现了出来。如果传统零售企业不尽快做出改变,将会逐渐被新零售式零售商逐渐淘汰。

## 4.2.4 物流企业在跨境供应链中的角色

物流是供应链的主要内容之一，在供应链中，为了提高物流专业化管理和服务，会加入几个物流企业进行关键节点间的物资流通管理。物流企业是从事运输代理、货物储存、装卸搬运及包装配送的企业，我们这里提到的物流企业主要以第三方物流企业和第四方物流企业为主。

**(1) 第三方物流企业**

第三方物流企业是为供应链企业提供全部或部分物流服务的外部供应商，跨境供应链中的第三方物流企业提供的物流服务一般包括运输、仓储管理、配送等。由于具有专业的物流管理能力、先进的物流设施设备、大规模的仓储场地，第三方物流企业正逐渐成为供应链的重要组成部分。第三方物流企业的专业化管理为供应链节省了大量的物资管理成本，减少了物资流动时间，节约了库存场地，从时间、空间两个方面带来了便利。跨境供应链将第三方物流海外仓作为境外物资分散中心，可以为境外消费者提供门到门的服务，实现境外最后一公里的配送，是跨境供应链战略的重要组成部分。

**(2) 第四方物流企业**

第四方物流企业是供应链的集成商，它对公司内部和具有互补性的服务供应商所拥有的不同资源、能力和技术进行整合和管理，提供一套供应链解决方案。第四方物流企业把服务范围从与物资相关的管理和服务提升到对整个供应链的物流信息协调及监控，以提供最佳的增值服务为目标，自身并不参与到实际物流的运作当中，具有一定的客观公正性，主要起到策略规划与资源整合的作用，扮演着供应链企业顾问以及合作者的角色。第四方物流是由埃森哲公司率先提出的，为我国一大批物流企业提供了可借鉴的经验。我国当前第四方物流企业有很多，其中宝供物流是一个成功的典范。宝供物流是由第三方物流转型升级为第四方物流企业的，承担了飞利浦照明和红牛饮料的整条供应链业务，联合利华所有工厂的仓库管理全部委托给宝供物流企业。

随着物流企业从第一方物流向第四方物流的业务升级与发展，我们可以看到其功能及作用逐渐由物资运输存储的简单操作，向服务、规划整条供应链方向拓展。供应链的起源原本就是物流概念的延伸，物流企业的业务逐渐向供应链管理方向开拓也是供应链贸易发展的必然。

# 4.3 跨境供应链的设计与优化

## 4.3.1 跨境供应链相关理论

跨境供应链与全球供应链本是同根同源，跨境供应链实质上就是"中国自主自导的全球供应链体系"，因此，搭建跨境供应链的相关理论与全球供应链相关理论是相同的。跨境供应链是在经济全球化的环境基础上，由相关的经济学理论共同支撑下搭建起来的。

**（1）经济全球化**

经济全球化在1985年首次由特·莱维提出，至今还没有明确的定义，国际学者以及经济组织对经济全球化给出的解释大多包含以下几个特点：生产国际化、资本全球化以及科技全球化。经济全球化其中一个含义是指，由于生产力以及生产资料的不同，为了实现产品生产最优化，产品的生产分工分配在世界不同的国家。跨境供应链的诞生也是经济全球化发展的产物，跨境供应链的组成就是以中国为重心，吸收其他国家各个企业的优势，形成一条供给链。跨境供应链产生于经济全球化，也将反作用于经济全球化，推动经济全球化的进程。

**（2）交易成本理论**

交易成本理论是诺贝尔经济学奖获得者科斯提出的，交易成本理论对企业的本质进行了详细解释。科斯认为在市场经济体系的运行中，由于价格机制的运作，所以产生了专业分工的现象，但是由于市场价格机制在运行的过程中产生了大量的交易成本，为了减少这些费用，企业机制产生了。

交易成本理论提出企业组织模式变动是由于交易成本的变动，从小型手工作坊到大型规模的企业，再到纵向一体化，进而发展出的横向一体化，都是交易成本变化所导致的，供应链的产生也是由于交易成本的存在。

交易成本理论认为交易成本产生的主要原因有三个：交易商品或资产的专属性，交易的不确定性，交易的频率。交易商品或资产的专属性是指交易投资的资产不具市场流通性；或契约终止，投资成本难以回收转换用途。交易的不确定性是指交易过程中交易双方信息不对称，双方想通过契约保障自身权益，因此监督成本和溢价成本增加了交易成本。交易的频率越多，中间环节产生的次数越多，交易成本越高。

交易成本理论指出，为了节约通过市场进行交易的交易成本，企业间就要实现横向联合，也就是我们现在所说的供应链的横向一体化。首先，企业与不同企业进行高频率的交易，意味着要高频率地与不同企业进行沟通，高频率的交易成本多源于沟通成本和协商成本。而供应链的产生使得供应链各个节点企业交易频率在长期重复的关系当中，双方之间产生更多的信任，避免高频率的协商、沟通，节约了交易成本。其次，供应链节点企业达成长期协议，合作的时间越长，共享的信息越多，不确定性就会越少，一个企业突然离开供应链重新选择合作伙伴，不确定性必然会增加，控制不确定性的成本就会增加。最后，供应链内各企业会合作进行资产专用性的投资，从供应链整体出发，投资收益的计算会更加准确，若某个企业想退出供应链，可能会因为违约而得不到投资成果，各节点企业都会从组织角度形成整个供应链的资产共同占有性，使专有资产转化为共同资产。

**(3) 企业资源经济学**

企业的生产经营活动离不开企业资源的支撑，经济资源是企业开始生产活动、赚取利润的基础条件。除了经济资源之外还要具备相关知识、物质技术和人力等资源，这些资源可以概括为无形资源、有形资源和组织资源。其中，人力资源与组织资源都与能力有关，都是人和组织表现出的能力，因此可以将其细分出企业核心能力这一概念。企业的生存和发展依靠的是企业竞争力，企业竞争优势依靠的是企业资源和能力，持续的竞争优势依靠企业的核心能力，企业的核心能力是企业能力集合的中心，可以辐射到所有其他能力的发挥。

首先，在有形资源方面，对于供应链内部的企业来说，它们之间的物质资源相互流通、转化，使得它们可以利用彼此的资源优势共同生产，扩大自己企业内部资源。其次，在无形资源方面，往往每个企业拥有的无形资源不同，包括品牌、文化、专利、顾客基数等，供应链企业可以利用彼此的无形资源，扩大自己生产经营优势。比如某汽车生产供应链，该品牌汽车具有较大受众人群，而生产该汽车发动机的厂家具备领先发动机技术专利，则该发动机厂家可以利用该汽车品牌及庞大的顾客基数来扩大自己的销量，该汽车制造商可以利用该发动机的先进生产技术提高本汽车产品的质量。最后，供应链的形成，就是各个核心能力的集成组合，各个企业在供应链中只需专注发挥自己的核心能力，就可以发挥出供应链的最大优势。

## 4.3.2 跨境供应链设计的影响因素

跨境供应链设计是包含中国企业在内的多国企业之间对运输、库存、信息、资金等多个指标的量化规定，以确保供应链能以高效率、低成本响应客户。影响跨境供应链设计的因素主要包括以下几点。

**(1) 公司战略**

不同的公司战略会建立不同类型的供应链体系，如企业以客户服务最优化为公司战略，在建立供应链系统时首先考虑的是客户行为偏好，会把选址位置设置在最便利客户的地方。若公司战略是以成本为基础的，则会首先考虑地价和劳动力，例如富士康公司将很多工厂地址设在发展中国家来减少租金成本和劳动力成本。

**(2) 产品技术**

产品技术水平的不同会导致供应链设计的侧重点有所不同。对于技术含量较低的产品，如饮品生产企业可以根据各个市场客户需求的不同在不同地区设立专门的分厂，以针对当地市场进行专门化生产。而对于高科技精密制造业，只有大规模生产产生的规模效应才可以降低成本，且此类产业生产设施具有地域集中的特征，不得不选择离生产设施较近的地方建立生产工厂，如印度的班加罗尔、我国的中关村等。

**(3) 竞争对手**

企业在设计供应链时必须要与主要的竞争对手进行对比，分析其战略、市场规模以及设施布局。在竞争激烈且竞争市场规模初定的情况下，企业要重新选择市场，优先选择尚待开发的新市场，率先占领新市场可以尽快获得市场份额，市场占有率达到一定程度后会给新进竞争对手形成隐形壁垒。而对于那些以合作竞争为主，倡导共赢的市场环境，企业与竞争对手相互扶持，可以选择与竞争对手相同的市场，共享盈利。

**(4) 宏观环境**

对于跨境供应链来说，涉及多地区、多国家的企业合作，宏观政治因素、国际贸易关税、基础设施条件等都有很大差异，任何一个因素都会影响整条供应链的运作情况，所以在设计跨境供应链系统时，一定要考虑全面。

**(5) 客户情况**

企业在设计供应链时应根据不同客户的具体情况建设有针对性的供应链机制，针对不同地区客户的行为偏好，销售相应产品。

**(6) 成本因素**

企业在加入供应链以后应从供应链成本出发，原有的成本优化因素在供应链中可能会导致成本的增加，如供应链中一些强势企业将供应链成本转嫁给弱势企业，虽然强势企业成本降低了，但是由于供应链成本分配不均，致使供应链不平衡，会导致供应链整体成本增加，弱势企业不堪重负的情况。

## 4.3.3 跨境供应链的基本设计步骤

**(1) 分析核心企业的现状**

首先主要侧重核心企业以及供应链上关键成员的现状进行分析，明确核心企业的供应、需求管理现状，明确核心企业的影响力以及规模，对其他的支持型企业应明确其管理和运营情况。如果核心企业已经有了自己的跨境供应链管理体系，则对现有的供应链管理现状进行分析，以便及时发现在供应链的运作过程中存在的问题。

**(2) 分析全球市场竞争环境**

通过对核心企业现状进行分析，了解企业内部的情况；通过对全球市场竞争环境进行分析，知道哪些产品的供应链需要开发，现在市场需求的产品是什么，有什么特殊的属性，对已有产品和需求产品的服务要求是什么，分析了解全球的竞争环境。

**(3) 分析供应链组成**

本阶段要对跨境供应链上的各类资源，如供应端的供应商、原材料；生产端的产品；消费端的用户、市场，以及整条跨境供应链上的合作伙伴与竞争对手的作用、使用情况、发展趋势等进行分析。

**(4) 提出跨境供应链的设计框架**

分析供应链的成员组成，确定供应链上主要的业务流程和管理流程，描绘出供应链物流、信息流、资金流、作业流和价值流的基本流向，提出组成供应链的基本框架。跨境供应链的基本框架分为基于顾客的、基于产品的、基于服务的等。

**(5) 分析评价跨境供应链设计方案的可行性**

供应链设计框架建立之后，需要对供应链设计的技术可行性、功能可行性、运营可行性、管理可行性进行分析和评价。在供应链设计的各种可行性分析的基础上，结合核心企业的实际情况以及对产品和服务发展战略的要求，为开发供应链中技术、方法、工具的选择提供支持。

**(6) 调整新的供应链**

供应链的设计方案确定以后，这一阶段可以设计产生与以往有所不同的新供应链。因此，这里需要解决的关键问题主要有：供应链的详细组成成员情况，如供应商、设备、作业流程、分销中心的选择与定位、生产运输计划与控制等；原材料的供应情况，如供应商、运输流量、价格、质量、提前期等；生产设计的能力，如需求预测、生产运输配送、生产计划、生产作业计划和跟踪控制、库存管理等；销售和分销能力设计，如销售/分销网络、运输、价格、销售规则、销售/分销管理、服务等；信息化管理系统软、硬平台的设计；物流通道和管理系统的设计等。在供应链设计中，需要广泛地应用许多工具和技术，如归纳法、流程图、仿真模拟、管理信息系统等。

**(7) 检验跨境供应链**

跨境供应链设计完成以后，需要对设计好的跨境供应链进行检验。通过模拟一定的供应链运行环境，借助一些方法、技术对供应链进行测试、验证或试运行。如果模拟测试结果不理想，就返回第（5）步重新进行设计；如果没有问题，就可以正式实施。

**(8) 完成跨境供应链设计**

跨境供应链的出现必然带来供应链的管理问题。不同特征跨境供应链的管理特征、内涵、方法及模式也有所不同。

### 4.3.4 基于顾客的跨境供应链设计

**(1) 顾客满意**

菲利普·科特勒认为，顾客满意"是指一个人通过对一个产品的可感知效果与他的期望值相比较后，所形成的愉悦或失望的感觉状态"。亨利·阿塞尔也认为，当商品的实际消费效果达到消费者的预期时，就导致了满意，否则，则会导致顾客不满意。

**(2) 顾客服务**

顾客服务在得到有效利用的时候是能够对创造需求保持顾客忠诚度产生重大影响的首要变量。国外的研究表明，企业的收入来自现有的顾客，而开发新客户的成本是留住现有客户所需成本的 5 倍，同时顾客服务水平下降将导致现有客户流失。可见，良好的客户服务是企业在未来激烈的市场竞争中生存的关键。过去的供应链设计往往着眼于最小化整个物流过程的成本或获得最大化的利润，缺少对市场快速反应的能力，也缺少对顾客需求的把握。随着社会经济的发展，市场上的产品同质化现象越来越明显，顾客可以选择的产品也越来越多。如何使企业的产品更加具有竞争力是企业管理者面临的难题。而基于顾客的供应链能够有效地对市场顾客的需求进行反应，重新配置企业的资源，利用市场的机遇来获得利润。

**(3) 跨境供应链中影响顾客满意程度的要素**

① 核心产品或服务因素。产品是顾客能拿到手的实体物质，也最能影响顾客的满意程度，在跨境供应链所面对的顾客中，顾客产品的交货率以及稳定的配送周期都是影响顾客满意度的重要因素。

除此之外，库存服务率和配送提前期也是重要的影响因素。库存服务率一般是指，货物能够在已有的库存中立刻出库的能力。及时性主要是指在接到客户订单后，在所定的周期内向客户提供配送服务的时间效率，即配送提前期。配送周期的稳定性越高，客户对商品管理及库存管理就越容易，也可减少客户的安全库存，保持较低的库存维持成本。相反，稳定性差，会降低客户对供应商的信用度，增加客户的安全库存，使客户负担高额成本。

② 支持性因素。支持性因素就是指跨境供应链的外围和一些支持性服务，这些服务有助于核心产品的提供，也就意味着即使顾客对核心产品比较满意，也可能对企业的其他方面表示不满，这些方面包括商品价格、供应链服务、沟通、分销等。

**(4) 基于顾客的跨境供应链设计思路**

企业跨境供应链的设计应该本着提高企业供应链整体竞争力的原则，在满足顾客需求的前提下，努力维持顾客对企业的忠诚，提高企业利益创造速度，实现企业跨境供应链整体的优化，如图 4-4 所示。

## 4.3.5 跨境供应链的优化

跨境供应链是一个跨国覆盖市场空间和时间的价值分布网络，在跨境供应链上，各个企业投身于属于自己的网络节点，并通过自己的价值增值能力为所在的

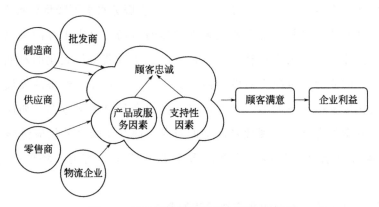

图 4-4　基于顾客的跨境供应链设计思路

供应链网络提供增值价值。跨境供应链的系统可以看作是一个多点价值优化整合的系统。

约束理论认为，在任何一个多阶段生产系统中，如果其中一个阶段的产出取决于前面的某一个或某几个阶段的产出，那么产出率最低的阶段在整个系统生产中能起到决定性作用。根据约束理论，跨境供应链的优化应该着重于整条供应链中的短板环节，找出供应链中的瓶颈节点，补齐短板。跨境供应链体系着重强调中国自主自导，因此，在跨境供应链的优化过程中，一定要重视中国企业在跨境供应链中起到的引领作用，要加强中国跨境贸易企业以及生产制造业的综合实力和创新精神。跨境供应链的建设要利用好当前第三方物流海外仓、先进的跨境电商平台以及"一带一路"倡议等一系列有利条件。

**（1）优化原则**

① 提升标准化。标准化程度和协同效率往往体现了供应链的管理水平，当前生产制造业已基本实现了标准化生产。在这个过程中，除了实现产品"质的提升"，还要逐步解决制造之后在流通、销售领域的标准化难题，通过更加协同高效的方式优化整个产业链条，提升运营品质。

② 降低复杂度。伴随企业多元化发展、规模增长，使产品品类复杂度增加，从而导致跨境供应链的复杂度也大大增加，供应链管理难度也随之加大。一般来说，跨境供应链的零售企业，门店规模在 100 家或销售额 40 亿元左右时都会进入发展瓶颈期，运营成本费用率不降反升，盈利能力降低甚至亏损，其背后原因大部分是供应链管理水平跟不上企业发展脚步，而最主要的影响因素就是对复杂度的控制和管理。

③ 信息透明。跨境供应链相比普通供应链是一个更为复杂的系统，整个供应链上的供需信息如果没有一定程度的透明化，一定会出现库存积压、顾客满意度降低等现象。为了提升供应链的整体运营能力以及压缩库存成本，信息的共享就显得尤为重要。

**(2) 跨境供应链的优化方向**

① 库存控制优化。提高需求预测的准确度、约束均衡的生产计划、精益 JIT 采购计划、生产顺序排产的优化、频繁地配送补货、高质量的执行，使得库存最优化地满足客户服务水平转向按单生产降低成品库、生产单元流水化降低在制品、JIT 准时化看板管理降低原材料库存。使用网络规划，基于需求计划来优化计算出每一种物料在多层级上和地点上的最优库存，使得在满足服务水平下，优化分销库存的布局和数量。使用 VMI 供应商管理库存和 CPFR 协同、计划、预测、补货来消除供应链库存放大效应。在供应链业务电子化的过程中，互联网＋O2O 的线上与线下融合配合，使得信息和物流更加精准、更加快速，使得供应链总库存得以降低。

② 供应商选择优化。在主流的供应链管理模式下，供应商作为供应链管理的源头，也是其中的关键环节，对企业核心竞争优势的构建起到至关重要的作用。供应商选择优化，主要是对现有的供应商和准备发展的供应商进行选择，排除不合适的供应商，而将最有益的供应商纳入进来，结成战略伙伴联盟。供应商是供应链管理的基础，与企业将要生产出来的产品质量密切相关，其工作效益直接影响企业的产品设计、产品质量、提前期、库存水平、交货期、客户满意度等方面。

③ 生产的优化。供应链生产制造模式通过生产流程与工序结构，实现工序、工位、工装等要素的优化，实现采购、物流执行计划与生产作业计划的协调控制，确保生产制造过程更加高效灵活，降低整个制造环节成本，提升整体生产制造的效率，促进制造业从单一制造向产业供应链协同整合发展，实现生产部门间的信息共享，减少产品交货期，从整体上提升制造环节的整体竞争力。供应链生产制造模式的优化是供应链结构优化的重点和核心。

④ 顾客关系优化。供应链客户关系管理将是未来企业的核心竞争力，通过供应链客户关系优化实现合理资源分配，形成价值优势；通过上下游客户关系的梳理和改善，使客户的总体成本可以有效降低，财务关系和业务流程得到有效提高。综合考虑供应链结构关系变化及供应链管理带来的竞争优势，客户关系管理显得尤为重要。供应链客户关系优化是供应链结构优化的前提和保证。

⑤ 网络优化。跨境供应链的网络优化应该从运输网络优化和库存网络优化两方面来进行。运输网络优化可以考虑建立端到端运输网络来节约运输时间以达到更高的顾客满意度。除此之外，可以考虑综合运输、多式联运、驼背运输、甩挂运输等。库存网络的优化应该集中在库存的品种、时间、数量、地点的综合控制以及库存模式的优化。对于跨境供应链的网络优化，应该将库存优化和运输优化结合在一起统筹优化。

第 5 章

# 跨境供应链供应商选择研究及案例解析

## 5.1 供应商选择研究概述

### 5.1.1 供应链中的供应关系

**(1) 发展型合作关系**

这种关系是基于供应商对于针对性项目的评估标准顺利满足前提下,拓展到相关性延伸项目的标准满足,以实现合作关系的不断成长。通常情况下,处在发展型供应关系下的供应商与企业是一种双赢的供应关系,也就是说,供应商与制造商之间有关最终市场需求、生产成本、作业计划等方面保持着一致性和准确性。

**(2) 稳定型合作关系**

供应商满足开发针对性项目的评估标准,但是基于某些标准考量,没有意愿扩大和深化合作关系,但是由于前期的投入(资本或者精力),决定暂时依赖供应商来满足该针对性项目的需求。

**(3) 恶化型合作关系**

在项目开发过程中,包括样品开发试制阶段,或者小批量试产阶段,或者批量投产阶段,如果多次的尝试均以失败告终,很显然合作关系就会受阻,另外可能发生衰退型合作关系的情形。产生衰退情形,就是虽然针对性项目开发成功,但是期间或者后期在其他标准方面都不够尺度。

### 5.1.2 供应商选择评价的意义

在主流的供应链管理模式下,供应商作为供应链管理的源头,也是其中的关键环节,对企业核心竞争优势的构建起到至关重要的作用。供应商选择评价,主要是对现有的供应商和准备发展的供应商进行选择,排除不合适的供应商,而将最有益的供应商纳入进来,结成战略伙伴联盟。供应商是供应链管理的基础,与企业将要生产出来的产品质量密切相关,其工作效益直接影响企业的产品设计、产品质量、提前期、库存水平、交货期、客户满意度等方面。对跨境供应链的供应商进行选择可以有以下好处。

**(1) 降低成本**

降低供应链总成本、降低库存水平、增强信息共享、改善相互之间的交流、保持战略伙伴相互之间操作的一贯性、产生更大的竞争优势，以改善和提高供应链节点企业的财务状况、质量、产量、交货期、用户满意度和业绩。

**(2) 良好合作关系的开端**

合作意味着新产品/技术的共同开发、数据和信息的交换、市场机会共享和风险共担。在供应链合作关系环境下，制造商选择供应商不再是只考虑价格，而是更注重选择能在优质服务、技术革新、产品设计等方面进行良好合作的供应商。

### 5.1.3 供应商选择方法研究进展

目前，国内外对于供应商的选择研究已经形成了许多成熟的理论和方法。供应商选择方法主要分为定性方法、定量方法、组合方法三大类，具体如下。

**(1) 定性方法**

① 直观判断法。通过调查、征询意见、综合分析和判断来选择供应商。

② 招标法。通过招标方式寻找最好的供应商，凡是符合资源供应要求的供应商都可以参加。

③ 协商选择法。企业首先选出几个符合供应条件的比较好的供应商，然后分别和他们进行协商，以确定最适宜的供应商。

**(2) 定量方法**

① 层次分析法（Analytic Hierarchy Process，AHP）。将决策者的经验判断给予量化，从而将一些定性决策问题定量化。基本思路与人分析、判断一个复杂的决策问题的过程大体上是一样的。

② 多目标数学规划法。首先根据实际的供应商选择问题，建立目标函数模型，然后将资源供应要求量化为约束条件模型，最后求解这个多目标约束函数模型，由此来确定和选择最佳的供应商。

③ 数据包络法（Data Envelopment Analysis，DEA）。根据被评价对象的"输入"数据（一般指投入的资金、劳动力等）和"输出"数据（一般指产出的产品数量、质量、经济效益等），利用 DEA 求得有效生产前沿面，根据被评价的对象

是否在前沿面上，以判断其规模和技术等有效与否。

④ 模糊层次分析法。在模糊层次分析中，做因素间的两两比较判断时，用三角模糊数定量化，建立元素两两间三角模糊数判断矩阵。

**(3) 组合方法**

组合方法主要指 AHP/DEA 综合评价法。AHP 能够充分利用专家的主观意见，缺点是过分依赖其主观判断，而 DEA 法的评价结果虽然不受人为因素影响，但却不能反映决策者的偏好。利用 AHP 和 DEA 的"组合方法"，能有效结合 AHP 的主观性和 DEA 的客观性，选择更合适的供应商。

## 5.1.4 供应商选择常用方法

**(1) 直观判断法**

直观判断法是指通过调查、征询意见、综合分析和判断来选择供应商。是一种主观性较强的判断方法，主要是根据采购人员凭经验做出的判断，或决策者倾听采购人员的意见做出的判断来选择供应商。用这种方法选择供应商，主要取决于所掌握供应商有关资料的正确和齐全，以及决策者的分析判断能力。该方法是根据征询和调查所得的资料并结合人的分析判断，对供应商进行分析、评价的一种方法。它是一种定性的评价方法，主要基于原材料和零部件使用部门的经验和主观看法，因此，这种方法是主观的而不是客观的。其步骤是，首先采购部门列出一系列重要的标准，由使用部门对每个标准打正号、负号或是中性；然后在某个供应商被评价完后，制造商给供应商一个综合评分，再选择相应的供应商供货。这种方法的缺陷主要表现为依赖于评价人员的记忆和主观看法，会导致判断的偏差。

**(2) 协商选择法**

在可选择的供应商较多、企业难以抉择时，可以采用协商选择的方法选择供应商，即由企业先选出供应条件较好的几个供应商，同他们分别进行协商，以确定适宜的合作伙伴。和招标法比较，协商选择方法因双方能充分协商，在商品质量、交货日期和售后服务等方面较有保证；但由于选择范围有限，不一定能得到最便宜、供应条件最有利的供应商。当采购时间紧迫、投标单位少、供应商竞争不激烈、订购物资规格和技术条件比较复杂时，协商选择方法比招标法更合适。

### (3) 层次分析法

该方法是20世纪70年代由著名运筹学家T.L.Satty提出的，Weber等提出将层次分析法用于供应商的选择。它的基本原理是根据具有递阶结构的目标、子目标（准则）、约束条件、部门等来评价方案，采用两两比较的方法确定判断矩阵，然后把判断矩阵的最大特征值跟对应的特征向量的分量作为相应的系数，最后综合给出各方案的权重（优先程度）。由于该方法让评价者对照一个相对重要性函数表给出引述中两两比较的重要性等级，因而可靠性高、误差小。不足之处是遇到因素众多、规模较大的问题时，该方法容易出现问题，如判断矩阵难以满足一致性要求，往往难以进一步对其分组。它作为一种定性和定量相结合的工具，目前已在许多领域得到了广泛的应用。

### (4) 模糊层次分析法

模糊层次分析法是在层次分析法的基础之上产生的，由于供应商评价的指标众多，且决策者很难对每一个指标用确定的数值进行量化，存在大量的模糊信息，而一般的层次分析法中在构造两两比较判断矩阵时没有考虑到人的判断模糊性，只考虑了人判断的两种极端情况：是或否。模糊层次分析法引入了模糊数对其加以改进，将专家的判断指标用隶属度为$U \rightarrow [0,1]$之间进行选定，从而考虑了人的模糊判断。模糊层次分析法的基本原理是在模糊层次分析中做因素间的两两比较判断时，用三角模糊数定量化，建立元素两两间三角模糊数判断矩阵。如果不用三角模糊数来定量化，而是直接采用一个因素比另一个因素的重要程度定量表示，也可得到模糊判断矩阵。模糊层次分析法由于其更符合客观实际情况，并且能够很好地将定性指标进行定量化比较分析，在各个研究领域都得到了广泛应用。

### (5) DEA/AHP 综合评价法

DEA/AHP综合评价法将评价过程分为两个阶段。首先，运用DEA方法对每一对决策单元进行有效性分析，每一次只考虑这两个决策单元，而忽略其他的决策单元。然后根据第一阶段的计算结果，创建成对比较矩阵，在此基础上，应用单一水平的AHP方法，计算所有的决策单元的全排序值。该方法的优点是：由DEA方法构造的比较矩阵是根据实际的多输入多输出指标计算得来的客观效率比值组成的，所以消除了AHP方法本身的主观性，不像AHP方法需要对比方阵本身的主观性，也不像一般AHP方法需要对比矩阵进行一致性检验。

## 5.2 跨境供应链管理中供应商评价指标体系

### 5.2.1 供应商评价指标体系

**(1) 供应商评价指标体系设计原则**

在供应链系统中，供应商评价指标体系的设计应当满足内容全面、科学实用、客观公正、可操作性强及适应性强等基本原则，具体包括以下七个方面。

① 目的性原则。设计供应商评价指标体系的目的在于：衡量供应商的竞争力状况，选出适合企业供应链管理的供应商，建立战略合作伙伴关系，增强企业供应链的竞争实力。

② 科学性原则。供应商评价指标应准确地反映实际情况，有利于企业通过评价指标公正、客观、全面地对供应商进行评价。

③ 全面性原则。评价指标体系必须全面反映供应商企业目前的综合水平，并包括企业发展前景的各方面指标。此外，还要考虑外部的经济环境。指标体系不仅要包括反映供应商实力的"硬"指标，还要包括反映供应商其他竞争优势的"软"指标。

④ 实效性原则。实效性原则即效益性原则，评价指标体系的设计应考虑到能以最少的投入创造最大的产出，经济效益在评价指标体系中应处于重要的位置，这要求指标体系的设计要尽量简化，突出重点，从而使指标体系在实践中易于操作、切实可行。

⑤ 灵活可操作性原则。评价指标应具有足够的灵活性，以使企业能根据自己的特点以及实际情况，对指标灵活运用。

⑥ 定量与定性相结合的原则。供应链的竞争力水平是一个抽象的概念，在综合评价供应商的竞争力时应综合考虑影响供应商竞争能力的定量指标和定性指标。对定性指标要明确其含义，并按照某种标准赋值，使其能够恰如其分地反映指标的性质。定性和定量指标都必须具有清晰的概念和确切的计算方法。

⑦ 通用性与发展性相结合的原则。所建立的评价指标体系必须具有广泛的适应性，即设立的指标能反映不同类别、不同行业的企业供应链的共性和特性。此

外，建立的评价指标体系必须具有发展性，即可根据具体供应链的特征及企业内部和外部环境的变化做出适当的调整，从而可以灵活应用。

**（2）供应商评价指标体系的建立**

供应商是公司的延伸。公司的成功离不开本身的努力，也取决于供应商的表现。合理的供应商评价指标，不但有利于激励供应商达到一定的目标，也可统一供应商与公司的目标。总体上，供应商评价指标体系包括七个方面：质量、成本、交货、服务、技术、资产、员工与流程。前三个指标各行各业通用，相对易于统计，属于硬性指标，是供应商管理绩效的直接表现；后三个指标相对难以量化，是软性指标，但却是保证前三个指标的根本；服务指标介于中间，是供应商增加价值的重要表现。这七大指标的具体内容如表 5-1 所示。

表 5-1 供应商评价指标体系

| 一级指标 | 二级指标 |
| --- | --- |
| 质量 | 产品批次合格率 |
|  | 产品抽检缺陷率 |
|  | 产品免检率 |
|  | 质量认证情况 |
|  | 质量改善计划 |
| 成本 | 产品价格 |
|  | 批量购货折扣情况 |
|  | 降低成本计划 |
| 交货 | 准时交货率 |
|  | 交货周期 |
|  | 批量遵守率 |
| 服务 | 用户满意度 |
|  | 供应商为设计人员提供理化建议情况 |
|  | 产品交货的平均缩短时间 |
|  | 对采购调研人员的配合情况 |
| 技术 | 科研经费投入率 |
|  | 新产品开发能力 |
|  | 设备水平 |
|  | 技术员工水平 |
|  | 信息化水平 |

续表

| 一级指标 | 二级指标 |
| --- | --- |
| 资产 | 固定资产情况 |
| | 现金流情况 |
| | 资金周转率 |
| | 长期负债情况 |
| | 短期负债情况 |
| | 产品库存情况 |
| | 产品周转率 |
| 员工与流程 | 员工文化素质水平 |
| | 员工从业经验情况 |
| | 企业员工管理水平 |
| | 订单预测情况 |
| | 库存控制及补货计划 |
| | 物流信息跟踪管理 |
| | 流程改进计划 |

## 5.2.2 跨境供应链管理中供应商评价指标体系

**（1）跨境供应链管理中供应商选择原则**

① 成本最优原则。在跨境供应链管理中，企业能够在全球范围内选择原材料供应商，寻找全球最经济的原材料，节省原材料成本。并且，企业可以选择在劳动力成本和土地成本最经济的国家和地区进行生产，通过获取最经济的生产资源，保证较低的生产成本。

② 质量最优原则。跨境供应链中通常有一个核心企业起到领导者的作用，核心企业会在全球范围内选择对某项技术或产品有优势的企业作为其合作伙伴，这样国际供应链中的产品设计、生产工艺、产品质量都将处于同行业领先水平，跨境供应链需要在较大区域范围内进行集成制造或系统集成，以制造出质量近乎完美的产品。

③ 产业链聚焦原则。目前，跨境供应链中的制造商与零售商已形成密切的整体，改变了以往各自为政的局面，制造商可通过信息系统从零售商那里获得更加真实具体的市场信息，并可以根据这些信息适当调整产品的设计与生产，创造出

更好的整体效应。供应商是制造商和销售商的利益共同体,在选择跨境供应商时,我们应该优先选择那些能为自身提供合理化建议,能和本企业进行有效的信息沟通、信息共享的跨境供应商企业。

④ 资金优势原则。在跨境供应链中,各节点企业需要进行跨境管理和运营,这需要更加充足的资金进行运转。在选择跨境供应商时,应该优先选择能够随时掌握存货信息、组织生产、及时补充库存的供应商,这样可以使得制造商没有必要维持较高的存货水平,有效减少企业在分销渠道中的库存费用,使资金周转能够更快、更灵活,为企业创造出更好的资金优势。另外,选择跨境供应商时,应该选择资金运转状况比较好的供应商,降低供应链风险。

**(2) 跨境供应链管理中供应商评价指标体系的建立**

目前国内外对供应商评价指标的研究已经比较成熟,评价指标多数以产品质量、价格、交货及时率、柔性等为主。但对于跨境供应链来说,由于其在全球供应链的背景下,是在不同国家、不同地域、不同文化之间运行供应链的管理,涉及范围更广,政治制度不同,文化差异大,所以在选择供应商的时候,其所要考虑的评价因素更为复杂。其中风险因素的影响程度要比普通供应链的风险因素影响程度更加深远,但是由于风险因素的不确定性,目前将风险因素作为主要跨境供应商评价指标的相关研究也相对较少,这里我们会将其纳入主要评价指标。由于整个供应商评价指标体系较为繁杂,因此我们仅针对主要指标进行详细介绍。

① 价格与成本。价格与成本一直都是选择供应商的重要指标,无论是独立经营的中小企业还是跨境供应链中的节点企业,其经营都是以盈利为目的,在选择供应商时必然会考虑成本因素。在跨境供应链的背景下,供应商评价的价格与成本指标主要包括供应商价格、货运成本以及关税三个方面。

a. 供应商价格。供应商价格是指供应商的产品价格。企业在选择供应商时都希望能够以最低的成本得到最优质的产品及服务,在对供应商进行比较时定会将他们的报价作为主要考虑指标。在进行价格分析时,并不是将供应商报价的绝对价格进行比较。绝对价格是用货币单位表现出来的一种或多种商品价格水平,各国的货币单位和购买力不同,因此同一种商品在各国的绝对价格也不一样,这样的比较过于片面,应该对比其相对价格。相对价格是指供应商提供的商品报价占该商品在同行业中的平均价格的比率,能够体现在国际贸易中所交换的商品价格之间的比例关系。如某供应商提供的商品价格为 $A$,该商品在同行业中的平均价格为 $B$,相对价格用 $R$ 表示,则有

$$R = \frac{A}{B} \times 100\% \tag{5-1}$$

b. 货运成本。在跨境供应链的背景下，选择的供应商与生产商之间可能跨洋越海，运输距离长，地形复杂，一种运输方式或许难以满足货运条件，需要两种或两种以上运输方式相协作，此外还需要多点的库存周转。因此货运成本也在总成本中占了不小的比率，在选择供应商时应着重考虑。

c. 关税。跨境供应链的运营避免不了不同国家之间的产品流转，在选择不同国家的供应商时，应该仔细分析各个国家的关税政策以及收费标准，选择关税较低的供应商，最终可以减少总成本的支出，为产品形成价格优势。

② 质量。一般情况下，质量是选择供应商时首要考虑的指标。供应商产品的质量是否合格，是否具有 ISO 认证，是否符合本企业生产的配件标准，都是生产商选择供应商时必然考虑的问题，简而言之，就是供应商提供的材料对于下游企业的生产制造来说是否合格。通常情况下，供应商的产品质量主要以产品合格率为判定标准，产品合格率是指在一个时间段内供应商提供的全部商品中，合格商品所占的比例。如在某一段时间内企业向供应商采购某产品共 $n$ 次，第 $i$ 次的采购产品总量为 $Q_i$，第 $i$ 次的采购产品合格的数量为 $q_i$，产品合格率为 $P$，则有

$$P = \frac{\sum_{i=1}^{n} q_i}{\sum_{i=1}^{n} Q_i} \tag{5-2}$$

③ 交货能力。供应商能否及时交货决定了下游企业的生产制造以及加工是否能够顺利进行。首先，在数量上，供应商的交货及时性影响到下游各企业的预留库存以及库存周转量。若是交货能力差，由于"牛鞭效应"的存在，导致各个节点企业库存不断放大，将会增加大量的仓储成本，最终使得整条供应链在竞争中处于不利地位。其次，在时间上，如若不能及时交货，则会导致后续一系列的加工作业出现滞后现象，最终对客户需求响应不及时，尤其是对那些时间要求较高的阶段性、季节性产品影响很深，可能会导致整个供应链企业的资金断流，严重情况下会造成整个供应链的瘫痪甚至破产。所以说在选择供应商时，供应商的交货能力不容忽视，供应商的交货能力评价指标主要包括供应商的准时交货率、平均交货期、供应柔性三个方面。

a. 准时交货率。供应商的准时交货率往往被作为评价供应商交货能力的首要因素来考虑。供应商与生产企业形成长期合作的关系后，供应商会按照约定条件，

在固定的时间点或时间段向生产企业提供货物。准时交货率就是上层供应商在一定时间内准时交货的次数占其总交货次数的百分比。如评价的供应商在某一年或某一季度的总交货次数为 $T_1$，在这段时间内该供应商的准时交货次数为 $T_2$，则该供应商的准时交货率 $T$ 为

$$T = \frac{T_2}{T_1} \times 100\% \tag{5-3}$$

供应商的准时交货率低，说明其协作配套的生产能力达不到要求，或者说生产过程的组织管理跟不上供应链运行的要求；供应商准时交货率高，说明其生产能力强，生产管理水平高。

b. 平均交货期。供应商的交货期是指从订单发出到成功交货所经历的时间间隔。交货期的长短影响着订货提前期的长短，进而影响了生产企业的预留库存量与库存成本。交货期较短的供应商生产能力与服务水平较高，可以快速响应生产企业的需求，交货期的缩短也会提高供应商的准时交货率。通常情况下，我们以一段时间内供应商的平均交货期来衡量交货期这一指标。如一段时间内供应商的总交货次数为 $N$，这段时间内第 $i$ 次交货期为 $DT_i$，平均交货期用 $AT$ 表示，则

$$AT = \sum_{i=1}^{N} \frac{DT_i}{N} \tag{5-4}$$

c. 供应柔性。供应柔性是指供应商对市场需求变化的响应能力。当今市场顾客需求越来越趋于多样化、个性化，顾客需求的不确定性要求供应链具备较高的反应能力，因此在选择供应商时需要对供应商的供应柔性进行评估。供应柔性主要包括时间柔性和数量柔性。

时间柔性是供应商对产品需求时间变动的响应能力，如供应商与制造企业是按照周期性订货合作的，市场需求遇到突发性旺季，而制造企业的原材料库存不足，需要供应商提前进行供应，这时就体现出了时间柔性的重要性。

数量柔性是指供应商对产品需求量变动的响应能力，数量柔性能够反映供应商生产能力的弹性。供应商的数量柔性与时间柔性难以进行具体比较分析，所以我们通常用供应商的生产柔性代替两者，供应商的生产柔性是指供应商的生产规模与供应商现有生产能力可调整范围的比值，如 $s$ 为供应商的生产规模，$\Delta f$ 为现有生产条件下供应商生产能力所能做出的调整范围，$S$ 为生产柔性，则有

$$S = \frac{\Delta f}{s} \tag{5-5}$$

④ 服务。在跨境供应链中选择的供应商通常是要与生产企业签订长期协作合同的，与供应链中的所有企业目的相同，那就是寻求合作共赢。因此，在选择供应商时，未来供应商的服务水平如何是需要慎重考虑的。优良的服务可以促进企业间协作沟通，为下游企业减轻负担，保证生产顺利进行，节省成本，适应市场变化。供应商的服务水平可以从三个方面进行分析：供应商合作态度；供应商的配合力度；售后服务水平。

a. 供应商合作态度。在双方达成合作意向之后，供应商的合作态度决定了其服务力度，也体现了双方的信任程度。一般情况下，供应商与生产企业达成合作后，为了能够进行有效协作，供应商与生产企业需要共享信息，了解彼此的运作流程以及相关制度，针对性地选择与制订供货方式及工作流程。

供应商共享有效信息的多少就是其合作态度的体现，一些供应商因为思想传统，怕内部信息泄露给竞争对手，而选择故步自封或只提供无用信息，这将会导致供应商脱离供应链管理，无法从整体上进行统筹规划，致使整条供应链都在竞争中处于劣势地位。共享有效信息的程度可以用一定时期供应商提供的有效信息与该段时期内供应商提供的所有信息的比值来表示。如 $C_I$ 为信息共享程度，$I_i$ 为供应商第 $i$ 次提供有效信息，共提供有效信息 $m$ 次，$I_j$ 为供应商第 $j$ 次提供信息，共提供信息 $n$ 次，则共享信息程度为

$$C_I = \frac{\sum_{i=1}^{m} I_i}{\sum_{j=1}^{n} I_j} \times 100\% \tag{5-6}$$

b. 供应商的配合力度。供应商的配合力度主要是指供应商与下游企业进行库存管理协商以及产品供应过程中各项工作的配合程度。如双方同意选择供应商管理库存，供应商库存管理效率与产品供应配送的配合程度，或者在生产企业自行管理库存情况下，生产企业发出订单之后供应商处理订单以及发货的速度。供应商的配合力度不只是以上的情况，其体现在供应商与下游企业共同协作的方方面面。因此，我们通常以供应商实际配合解决的事件数与需要供应商配合解决的时间数的比值来表示供应商的配合力度。如用 $N_1$ 来表示需要供应商配合解决的事件数量，用 $N_2$ 来表示供应商实际配合解决的事件数量，则配合力度 $M$ 为

$$M = \frac{N_2}{N_1} \tag{5-7}$$

c. 售后服务水平。生产企业在接收到供应商提供的零件及原材料后,若发现其中含有质量不合格或性能不达标的产品,供应商是否能够及时提供售后服务,提供的售后服务能否满足客户的需求是至关重要的,要同时从服务的时间与质量两个方面使客户满意。良好的售后服务能够快速对交易中的残品进行替换,及时补足因质量问题导致的供应缺口,满足整条供应链的生产需求,保证生产顺利进行。

⑤ 风险。跨境供应链在选择供应商时,涉及不同国家之间的政治、经济、文化以及地域等一系列因素的影响,任何一个因素出现问题都会致使整个供应链的运作出现停滞。如此次新型冠状病毒肺炎疫情的发生,对生产制造业供应链造成严重冲击,当前疫情正在全球蔓延,若不能及时有效控制将会导致更多的供应链断裂。此次疫情只是众多风险因素之一,通过此例我们可以看到风险因素对供应链的影响程度之深,因此在跨境供应链选择供应商时应对其着重考虑。由于风险因素众多,分为可评估风险及未知风险,未知风险不确定性较大,难以评估,所以在选择供应商时以可评估风险为主要评价指标,主要包括自然灾害、战争风险、政治环境、经济环境。

a. 自然灾害。供应商所在地的自然灾害多发性应作为首要风险因素考虑。如供应商所在地是否为火山地震带,是否为海啸、龙卷风、泥石流等自然灾害频发地,这些自然风险的发生都会导致供应链运作流程的延迟与停滞,如选择供应商时忽略了这一因素,在灾难发生时将会造成巨大的损失。

b. 战争风险。这里所说的战争是广义的战争,不仅包括国家与国家之间的战争,也包括世界各国与恐怖主义之间的战争。在选择供应商时要评估供应商所在地是否处于长期和平稳定的地域,如中东地区多个国家始终处于战火之中,恐怖主义袭击仍有可能发生,战争不仅对人们的生命安全造成了威胁,也严重破坏了经济的发展。若供应商所在城市一直处于战争的硝烟中,将影响供应商的供应能力,供应链的运作将无法得到保障。

c. 政治环境。政治环境主要包括供应商所在地的法律、制度以及政策。供应商所在国家的政治是否稳定,相关法律是否支持当地企业与境外企业合作,政治制度对供应链未来的管理运营是否有利,都是在选择供应商时要考虑的因素。若政治环境不稳定,政策多变,将会给供应链运营带来许多不确定性因素,增加潜在风险。若其相关法律制度与供应链的管理运作背道而驰,决策者可选择放弃该供应商。

d. 经济环境。供应商所在地的经济环境决定了供应商的生产能力以及服务水平。良好的经济环境可以为供应商提供优良的发展条件，为供应商提供充足的资金，优化其设施设备，促进生产，提高服务水平，可以减缓供应链的整体压力。若经济环境较差，供应商将会随时面临资金短缺的风险，无法保证供货能力，更无法保障服务水平。

## 5.3 跨境供应链管理中供应商选择方法及案例解析

### 5.3.1 用单一的层次分析法来选择跨境供应链中的供应商

上面已经简要介绍了层次分析法，下面介绍该方法的具体步骤。

**(1) 建立跨境供应链管理中供应商选择系统的递阶层次结构**

跨境供应链管理中供应商选择系统的递阶层次结构包含目标层、准则层、子准则层、方案层，层次结构大体如表 5-2 所示。

表 5-2 供应商选择层次结构

| 目标层 | 寻求最佳国际供应商 | | | | | | |
|---|---|---|---|---|---|---|---|
| 准则层 | 成本 | 生产力 | 质量 | 服务 | 财务 | 跨境管理 | 跨境风险 |
| 子准则层 | …… | | | | | | |
| 方案层 | 供应商 1, 供应商 2, ……, 供应商 $n$ | | | | | | |

**(2) 构造判断矩阵（两两比较矩阵），求每个指标下各供应商的权重**

① 构造判断矩阵。分别构造七个准则下的判断矩阵，以第一个准则成本为例，构造的判断矩阵具体如下

$$\begin{bmatrix} A_{11} & A_{12} & \cdots & A_{1n} \\ A_{21} & A_{22} & \cdots & A_{2n} \\ \cdots & \cdots & \cdots & \cdots \\ A_{n1} & A_{n2} & \cdots & A_{nn} \end{bmatrix}$$

其中，$A_{ij} = 1/A_{ji}$；$i = 1, 2, \cdots, n; j = 1, 2, \cdots, n$。$A_{ij}$ 的取值标准如表 5-3

所示。

表 5-3 影响度取值标准

| $A_{ij}$ 的取值 | 取值标准(成本比较) |
|---|---|
| 1 | 供应商 $i$ 与供应商 $j$ 的影响相同 |
| 3 | 供应商 $i$ 比供应商 $j$ 的影响稍强 |
| 5 | 供应商 $i$ 比供应商 $j$ 的影响强 |
| 7 | 供应商 $i$ 比供应商 $j$ 的影响明显强 |
| 9 | 供应商 $i$ 比供应商 $j$ 的影响绝对强 |
| 2,4,6,8 | 供应商 $i$ 与供应商 $j$ 的影响之比在上述两个相邻等级之间 |

② 将判断矩阵标准化。先求出判断矩阵每一列的总和（如表 5-4 所示），然后再把判断矩阵的每一元素除以其相应列的总和，所得商所组成的新的矩阵称为标准判断矩阵。标准判断矩阵如表 5-5 所示。

表 5-4 求和矩阵

| 供应商 $j$ \ 供应商 $i$ | 供应商 1 | 供应商 2 | …… | 供应商 $n$ |
|---|---|---|---|---|
| 供应商 1 | $A_{11}$ | $A_{12}$ | …… | $A_{1n}$ |
| 供应商 2 | $A_{21}$ | $A_{22}$ | …… | $A_{2n}$ |
| …… | …… | …… | …… | …… |
| 供应商 $n$ | $A_{n1}$ | $A_{n2}$ | …… | $A_{nn}$ |
| 总和 | $A_{t1}$ | $A_{t2}$ | …… | $A_{tn}$ |

表 5-5 标准判断矩阵

| 供应商 $j$ \ 供应商 $i$ | 供应商 1 | 供应商 2 | …… | 供应商 $n$ |
|---|---|---|---|---|
| 供应商 1 | $A_{11}/A_{t1}$ | $A_{12}/A_{t2}$ | …… | $A_{1n}/A_{tn}$ |
| 供应商 2 | $A_{21}/A_{t1}$ | $A_{22}/A_{t2}$ | …… | $A_{2n}/A_{tn}$ |
| …… | …… | …… | …… | …… |
| 供应商 $n$ | $A_{n1}/A_{t1}$ | $A_{n2}/A_{t2}$ | …… | $A_{nn}/A_{tn}$ |

③ 计算标准判断矩阵的每一行的平均值。这些平均值组成各跨境供应商在成本标准下的特征向量（如表 5-6 求标准判断矩阵平均值中最后一列），也就是各跨境供应商在成本标准下的权重（$A_1+A_2+\cdots+A_n=1$）。

表 5-6  标准判断矩阵平均值

| 供应商 $j$ \ 供应商 $i$ | 供应商 1 | 供应商 2 | …… | 供应商 $n$ | 平均值 |
|---|---|---|---|---|---|
| 供应商 1 | $A_{11}/A_{t1}$ | $A_{12}/A_{t2}$ | …… | $A_{1n}/A_{tn}$ | $A_1$ |
| 供应商 2 | $A_{21}/A_{t1}$ | $A_{22}/A_{t2}$ | …… | $A_{2n}/A_{tn}$ | $A_2$ |
| …… | …… | …… | …… | …… | …… |
| 供应商 $n$ | $A_{n1}/A_{t1}$ | $A_{n2}/A_{t2}$ | …… | $A_{nn}/A_{tn}$ | $A_n$ |

④ 用上面的方法求出各跨境供应商在其他标准下的特征向量，也就是各跨境供应商在其他标准下的权重，如表 5-7 所示。

表 5-7  供应商权重

| 指标 \ 供应商 | 供应商 1 | 供应商 2 | …… | 供应商 $n$ |
|---|---|---|---|---|
| 成本 | $A_1$ | $A_2$ | …… | $A_n$ |
| 生产力 | $B_1$ | $B_2$ | …… | $B_n$ |
| 质量 | $C_1$ | $C_2$ | …… | $C_n$ |
| 服务 | $D_1$ | $D_2$ | …… | $D_n$ |
| 财务 | $E_1$ | $E_2$ | …… | $E_n$ |
| 管理 | $F_1$ | $F_2$ | …… | $F_n$ |
| 风险 | $G_1$ | $G_2$ | …… | $G_n$ |

**(3) 两两比较矩阵一致性检验**

两两比较矩阵的元素是通过两个因素比较得到的，在很多这样的比较中，往往可能得到一些不一致的结论。例如，当因素 $i$、$j$、$k$ 的重要性很接近的时候，在两两比较时，可能得出 $i$ 比 $j$ 重要，$j$ 比 $k$ 重要，而 $k$ 又比 $i$ 重要等矛盾的结论，这在因素数目多的时候更容易发生。因此，需要对两两比较矩阵进行一致性检验，具体步骤如下。

① 首先以成本标准下的两两比较矩阵为例，由被检验的两两比较矩阵乘以其特征向量，所得的向量称为赋权和向量。

$$\begin{bmatrix} A_{11} & A_{12} & \cdots & A_{1n} \\ A_{21} & A_{22} & \cdots & A_{2n} \\ \cdots & \cdots & \cdots & \cdots \\ A_{n1} & A_{n2} & \cdots & A_{nn} \end{bmatrix} \times \begin{bmatrix} A_1 \\ A_2 \\ \cdots \\ A_n \end{bmatrix} = \begin{bmatrix} A_{h1} \\ A_{h2} \\ \cdots \\ A_{hn} \end{bmatrix}$$

② 用每个赋权和向量的分量分别除以对应的特征向量的分量，然后求 $\lambda_{\max}$。

$$\lambda_{\max}=(A_{h1}/A_1+A_{h2}/A_2+\cdots+A_{hn}/A_n)/n$$

③ 计算一致性指标 $C_I$。

$$C_I=(\lambda_{\max}-n)/(n-1)$$

④ 计算一致性率 $C_R$。

$C_R=C_I/R_I$，$R_I$（自由度指标）取值如表 5-8 所示。

表 5-8 自由度指标

| $n$ | 1 | 2 | 3 | 4 | 5 | 6 | 7 | 8 | 9 | 10 | ⋯ |
|---|---|---|---|---|---|---|---|---|---|---|---|
| $R_I$ | 0 | 0 | 0.58 | 0.90 | 1.12 | 1.24 | 1.30 | 1.41 | 1.45 | 1.49 | ⋯ |

当 $C_R<0.10$ 时，认为判断矩阵的一致性是可以接受的，则 $\lambda_{\max}$ 对应的特征向量可以作为排序的权重向量。

⑤ 用上述方法对其他标准下两两比较矩阵进行一致性检验。

**(4) 求出选择跨境供应商时各标准的权重并计算出各跨境供应商的加权分值，以此来选择最合适的跨境供应商**

① 用步骤（2）中②、③的方法将步骤（2）中④的矩阵标准化，最终求出标准特征向量 $(A, B, C, D, E, F, G)$，也就是在选择跨境供应商时各标准的权重 $(A+B+C+D+E+F+G=1)$。

② 根据步骤（2）中④得出来的矩阵和标准特征向量（各标准的权重）计算出各跨境供应商的加权分值。

跨境供应商 1：$A_1A+B_1B+C_1C+D_1D+E_1E+F_1F+G_1G$

跨境供应商 2：$A_2A+B_2B+C_2C+D_2D+E_2E+F_2F+G_2G$

⋯⋯

跨境供应商 $n$：$A_nA+B_nB+C_nC+D_nD+E_nE+F_nF+G_nG$

经过以上计算，加权分值最高的就是最合适的跨境供应商。

### 5.3.2 基于模糊数层次分析法的跨境供应商选择实例研究

**(1) 三角模糊数**

在因素之间进行两两比较时，利用三角模糊数定量表示比较的结果，可得到由三角模糊数组成的模糊判断矩阵。

定义 1：设论域 $R$ 上的模糊集 $M$，如果 $M$ 的隶属度函数 $\mu_M:R\to[0,1]$ 表示为

$$\mu_M(x) = \begin{cases} \dfrac{x-l}{m-l} & x \in [l, m] \\ \dfrac{x-u}{m-u} & x \in [m, u] \\ 0 & \text{其他} \end{cases} \quad (5\text{-}8)$$

式中，$l \leqslant m$，$l \leqslant u$，$l$ 和 $u$ 表示 $M$ 的下界和上界值。$u-l$ 表示模糊的程度，$u-l$ 越大，模糊程度越强。$m$ 是模糊集 $M$ 的隶属度为 1 时的取值。

模糊数的运算规则：

① $M_1 = (l_1, m_1, u_1)$；$M_2 = (l_2, m_2, u_2)$

② $M_1 \oplus M_2 = (l_1+l_2, m_1+m_2, u_1+u_2)$

③ $M_1 \otimes M_2 \approx (l_1 l_2, m_1 m_2, u_1 u_2)$

④ $\lambda \otimes M_1 \approx (\lambda l_1, \lambda m_1, \lambda u_1)$

⑤ $\dfrac{1}{M_1} \approx \left(\dfrac{1}{u_1}, \dfrac{1}{m_1}, \dfrac{1}{l_1}\right)$

**(2) 模糊层次分析法具体步骤**

① 建立层次结构模型。模糊层次分析法的层次结构模型相同，分为目标层、准则层、方案。

② 专家以三角模糊数的形式打分，以此为依据，建立元素两两间三角模糊判断矩阵。

定性类评价指标的量化需要专家对其评分，由于专家的评分受其专业知识、经验以及偏好的影响，具有一定的主观性，因此需要尽可能找多个专家收集评分。采用三角模糊数评分时专家的评分可表示为 $M_{ij} = (l_{ij}, m_{ij}, u_{ij})$。$l_{ij}$ 表示专家对 $i$ 比 $j$ 重要程度的保守评分；$u_{ij}$ 表示乐观评分；$m_{ij}$ 表示中肯评分。$l_{ij}$ 与 $u_{ij}$ 表示判断的模糊程度，它们之间的差距越大，说明比较判断的模糊程度越高；它们之间相差为 0 时说明判断具有一致性，打分时要控制三个评价之间的模糊程度，建立更为合理的三角模糊判断矩阵。专家评分标准如表 5-9 所示。

表 5-9　专家评分标准

| 重要性比较 | 标度($m_{ij}$) | 模糊度($u_{ij}-l_{ij}$) |
| --- | --- | --- |
| $A$ 与 $B$ 同样重要 | 0.5 | 专家给出的标度值的可能范围，模糊度越大，专家给出的标度值越模糊 |
| $A$ 比 $B$ 重要 | >0.5 | |
| $A$ 没有 $B$ 重要 | <0.5 | |

在专家对每两个指标给出模糊数评分之后，可以综合得到模糊判断矩阵。三角模糊数判断矩阵分为两类：三角模糊数互补判断矩阵和三角模糊数互反判断矩阵。

定义 2：设判断矩阵 $A=(M_{ij})_{n\times n}$，其中 $M_{ij}=(l_{ij}, m_{ij}, u_{ij})$，若满足

a. $l_{ii}=0.5$，$m_{ii}=0.5$，$u_{ii}=0.5$，$\forall i=1,2,\cdots,n$；

b. $l_{ij}+u_{ji}=1$，$m_{ij}+m_{ji}=1$，$u_{ij}+l_{ji}=1$，$\forall i, j=1,2,\cdots,n$。

则称 $A$ 是三角模糊互补判断矩阵，矩阵中的元素 $M_{ij}$ 表示方案 $C_i$ 优于方案 $C_j$ 的程度。

定义 3：设判断矩阵 $A=(M_{ij})_{n\times n}$，其中 $M_{ij}=(l_{ij}, m_{ij}, u_{ij})$，若满足

a. $\frac{1}{9} \leqslant l_{ij} \leqslant m_{ij} \leqslant u_{ij} \leqslant 9$，$\forall i, j=1,2,\cdots,n$；

b. $l_{ij}=\frac{1}{u_{ji}}$，$m_{ij}=\frac{1}{m_{ji}}$，$u_{ij}=\frac{1}{l_{ji}}$ $\forall i, j=1,2,\cdots,n$。

则称 $A$ 是三角模糊互反判断矩阵。

在确定三角模糊判断矩阵的种类后便可制订评分标准，继而让专家进行评分，根据专家评分建立三角模糊判断矩阵。如三个专家依据表 5-9 给出的评分标准对 $B_1$ 下 $C_1$、$C_2$、$C_3$、$C_4$ 四个指标给出评分，建立三角模糊互补判断矩阵如表 5-10 所示。

表 5-10 模糊判断矩阵

| 项目 | $C_1$ | $C_2$ | $C_3$ | $C_4$ |
| --- | --- | --- | --- | --- |
| $C_1$ | (0.5,0.5,0.5) | (0.3,0.5,0.6) | (0.4,0.6,0.8) | (0.2,0.3,0.4) |
|  | (0.5,0.5,0.5) | (0.1,0.3,0.4) | (0.1,0.3,0.6) | (0.3,0.5,0.7) |
|  | (0.5,0.5,0.5) | (0.2,0.4,0.6) | (0.1,0.4,0.5) | (0.1,0.4,0.5) |
| $C_2$ | (0.4,0.5,0.7) | (0.5,0.5,0.5) | (0.1,0.4,0.6) | (0.1,0.5,0.6) |
|  | (0.6,0.7,0.9) | (0.5,0.5,0.5) | (0.5,0.7,0.9) | (0.1,0.4,0.7) |
|  | (0.4,0.6,0.8) | (0.5,0.5,0.5) | (0.3,0.5,0.7) | (0.1,0.4,0.8) |
| $C_3$ | (0.2,0.4,0.6) | (0.4,0.6,0.9) | (0.5,0.5,0.5) | (0.1,0.3,0.5) |
|  | (0.4,0.7,0.9) | (0.1,0.3,0.5) | (0.5,0.5,0.5) | (0.1,0.5,0.5) |
|  | (0.5,0.6,0.9) | (0.3,0.5,0.7) | (0.5,0.5,0.5) | (0.4,0.5,0.7) |
| $C_4$ | (0.6,0.7,0.8) | (0.5,0.5,0.9) | (0.5,0.7,0.9) | (0.5,0.5,0.5) |
|  | (0.3,0.5,0.7) | (0.3,0.6,0.9) | (0.5,0.5,0.9) | (0.5,0.5,0.5) |
|  | (0.5,0.6,0.9) | (0.2,0.6,0.9) | (0.3,0.5,0.6) | (0.5,0.5,0.5) |

③ 列出平均值矩阵。在三角模糊判断矩阵中，$k$ 个专家对 $C_1$、$C_2$ 指标比较给出的 $k$ 个三角模糊数的平均模糊值为 $[(l_1+l_2+\cdots+l_k)/k,\ (m_1+m_2+\cdots+m_k)/k,\ (u_1+u_2+\cdots+u_k)/k]$。如表 5-10 中的 $C_1$ 与 $C_2$ 的三个比较模糊数，其平均模糊值为

$$[(0.3+0.1+0.2)/3,\ (0.5+0.3+0.4)/3,\ (0.6+0.4+0.6)/3]$$

整理得

$$(0.200,\ 0.400,\ 0.533)$$

将三角模糊判断矩阵中的所有两两判断指标均化为平均模糊数，则可得到平均值矩阵。将表 5-10 的平均值矩阵列为如表 5-11 所示。

表 5-11 平均值矩阵

| 项目 | $C_1$ | $C_2$ | $C_3$ | $C_4$ |
| --- | --- | --- | --- | --- |
| $C_1$ | (0.50,0.50,0.50) | (0.20,0.40,0.53) | (0.20,0.43,0.63) | (0.20,0.40,0.53) |
| $C_2$ | (0.47,0.60,0.80) | (0.50,0.50,0.50) | (0.30,0.53,0.73) | (0.10,0.43,0.67) |
| $C_3$ | (0.37,0.57,0.80) | (0.27,0.47,0.70) | (0.50,0.50,0.50) | (0.20,0.43,0.57) |
| $C_4$ | (0.47,0.60,0.80) | (0.33,0.57,0.90) | (0.43,0.57,0.80) | (0.50,0.50,0.50) |

④ 对平均值矩阵，由 $m_{ij}$ 组成的中值矩阵 $\overline{M}$ 进行一致性检验。

由于专家在对指标进行评分时具有主观性，评分之间可能会出现矛盾，所以需要进行一致性检验。在这里，我们利用三角模糊判断矩阵的中值矩阵进行一致性检验。

中值矩阵即在平均值矩阵中取专家中肯评分 $m_{ij}$ 组成的矩阵，如下矩阵

$$\overline{M}=\begin{bmatrix} m_{11} & m_{12} & \cdots & m_{1n} \\ m_{21} & m_{22} & \cdots & m_{2n} \\ \cdots & \cdots & \cdots & \cdots \\ m_{n1} & m_{n2} & \cdots & m_{nn} \end{bmatrix}$$

创建中值矩阵后需要求其最大特征值 $\lambda_{\max}$，步骤如下

a. 将 $\overline{M}$ 的每一列向量归一化得 $\widetilde{w}_{ij}=m_{ij}/\sum\limits_{i=1}^{n}m_{ij}$。

b. 对 $\widetilde{w}_{ij}$ 按行求和得 $\widetilde{w}_i=\sum\limits_{j=1}^{n}\widetilde{w}_{ij}$。

c. 归一化：$\widetilde{w}=(\widetilde{w}_1,\widetilde{w}_2,\cdots,\widetilde{w}_n)^T$

$$w=(w_1,w_2,\cdots,w_n)^T$$

式中，$w_i$ 为近似特征向量，$w_i=\widetilde{w}_i/\sum_{i=1}^{n}\widetilde{w}_i$。

d. 计算最大特征值的近似值

$$\lambda_{\max}=\frac{1}{n}\sum_{i=1}^{n}\frac{(\overline{M}w)_i}{w_i} \tag{5-9}$$

求得判断矩阵的最大特征值后，在进行判断矩阵的一致性检验时，我们还需要利用判断矩阵的平均随机一致性指标 $R_I$。对于 1 阶到 9 阶的判断矩阵，$R_I$ 的值分别如表 5-12 所示。

表 5-12 平均随机一致性指标

| 1 | 2 | 3 | 4 | 5 | 6 | 7 | 8 | 9 |
| --- | --- | --- | --- | --- | --- | --- | --- | --- |
| 0.00 | 0.00 | 0.58 | 0.90 | 1.12 | 1.24 | 1.32 | 1.41 | 1.45 |

最后根据已知的最大特征值 $\lambda_{\max}$ 以及 $R_I$ 求出随机一致性比率 $C_R$

$$C_R=\frac{\lambda_{\max}-n}{(n-1)R_I} \tag{5-10}$$

通常 $C_R \leqslant 0.1$，此时可以认为判断矩阵具有满意的一致性，否则需要对模糊判断矩阵进行调整。

⑤ 计算各个指标的综合权重。

a. 计算各层指标的综合模糊值。

计算第 $K$ 层指标 $i$ 的综合模糊值 $D_i^k$（初始权重），计算方法如下

$$D_i^k=\sum_{j=1}^{n}a_{ij}^k \div (\sum_{i=1}^{n}\sum_{j=1}^{n}a_{ij}^k),\ i=1,2,\cdots,n \tag{5-11}$$

表 5-11 中 $C_1$ 的初始权重计算如下

$$\sum_{i=1}^{4}\sum_{j=1}^{4}a_{ij}=(0.50,0.50,0.50)+(0.20,0.40,0.53)+\cdots+(0.50,0.50,0.50)$$
$$=(5.54,8.00,10.46)$$

$$\sum_{j=1}^{4}a_{ij}=(0.50,0.50,0.50)+(0.20,0.40,0.53)+(0.20,0.43,0.63)$$
$$+(0.20,0.40,0.53)$$
$$=(1.1,1.73,2.19)$$

$$D_{C_1} = \sum_{j=1}^{4} a_{ij} \div \sum_{i=1}^{4} \sum_{j=1}^{4} a_{ij} = (0.199, 0.216, 0.209)$$

同理，我们可以计算出 $C_2$，$C_3$，$C_4$ 的初始权重如下

$$D_{C_2} = (0.247, 0.258, 0.258)$$
$$D_{C_3} = (0.242, 0.246, 0.246)$$
$$D_{C_4} = (0.312, 0.280, 0.287)$$

但我们可以看到，由于表 5-10 中的模糊数值是我们随机给出且未经过一致性检验的，$D_{C_1}$ 中的模糊数出现 $m>u$ 的情况为初始模糊数值错误导致的结果。该组数值仅用于计算步骤介绍。

b. 去模糊化并将各指标权重归一化。

定义 4：$M_1$ $(l_1, m_1, u_1)$ 和 $M_2$ $(l_2, m_2, u_2)$ 是三角模糊数。$M_1 > M_2$ 的可能度用三角模糊函数定义为

$$p(M_1 \geqslant M_2) = \begin{cases} 1 & m_1 \geqslant m_2 \\ \dfrac{l_2 - u_1}{(m_1 - u_1) - (m_2 - l_2)} & m_1 \leqslant m_2, u_1 \geqslant l_2 \\ 0 & \text{其他} \end{cases} \quad (5\text{-}12)$$

定义 5：一个模糊数大于其他 $K$ 个模糊数的可能度，被定义为

$$P(M \geqslant M_1, M_2, \cdots, M_k) = \min P(M \geqslant M_i), i = 1, 2, \cdots, k \quad (5\text{-}13)$$

如我们重新给出一组初始权重值为

$D_{C_1} = (0.22, 0.29, 0.38)$，$D_{C_2} = (0.17, 0.30, 0.32)$，$D_{C_3} = (0.14, 0.20, 0.28)$，$D_{C_4} = (0.21, 0.28, 0.37)$

现根据式（5-12）和式（5-13）对其去模糊化处理

$$P(D_{C_1} \geqslant D_{C_2}) = \frac{0.17 - 0.38}{(0.29 - 0.38) - (0.30 - 0.17)} = 0.955$$

$$P(D_{C_1} \geqslant D_{C_3}) = 1$$

$$P(D_{C_1} \geqslant D_{C_4}) = 1$$

$$d(C_1) = \min V(D_{C_1} \geqslant D_{C_2}, D_{C_3}, D_{C_4}) = \min(0.955, 1, 1) = 0.955$$

$$d(C_2) = \min V(D_{C_2} \geqslant D_{C_1}, D_{C_3}, D_{C_4}) = \min(1, 1, 1) = 1$$

$$d(C_3) = \min V(D_{C_3} \geqslant D_{C_1}, D_{C_2}, D_{C_4}) = \min(0.4, 0.524, 0.467) = 0.4$$

$$d(C_4) = \min V(D_{C_4} \geqslant D_{C_1}, D_{C_2}, D_{C_3}) = \min(0.938, 0.909, 1) = 0.909$$

权重指标向量为 $w' = (0.955, 1, 0.4, 0.909)T$。

在得到权重指标向量之后需要对其进行归一化，得到综合权重指标向量

$$w = (\frac{0.955}{0.955+1+0.4+0.909}, \frac{1}{0.955+1+0.4+0.909}, \frac{0.4}{0.955+1+0.4+0.909},$$

$$\frac{0.909}{0.955+1+0.4+0.909})^T$$

$$= (0.293, 0.306, 0.123, 0.278)^T$$

c.确定其他层次的各指标权重。通过相同的方法，对下层指标综合权重进行评分，如 $C$ 级指标下有可选方案 $D_1$、$D_2$、$D_3$，我们可通过上述方法对指标 $C_1$、$C_2$、$C_3$、$C_4$ 进行权重计算，以 $C_1$ 为例，打分及评价结果如表 5-13 所示。

表 5-13　指标 $C_1$ 打分评价及结果

| $C_1$ | $D_1$ | $D_2$ | $D_3$ | $w$ |
| --- | --- | --- | --- | --- |
| $D_1$ | (0.50,0.50,0.50) | (0.36,0.40,0.52) | (0.22,0.29,0.43) | 0.17 |
| | (0.50,0.50,0.50) | (0.37,0.42,0.55) | (0.18,0.22,0.40) | |
| | (0.50,0.50,0.50) | (0.35,0.40,0.56) | (0.26,0.31,0.46) | |
| $D_2$ | (0.48,0.60,0.64) | (0.50,0.50,0.50) | (0.28,0.40,0.49) | 0.25 |
| | (0.45,0.58,0.63) | (0.50,0.50,0.50) | (0.26,0.38,0.46) | |
| | (0.44,0.60,0.65) | (0.50,0.50,0.50) | (0.27,0.34,0.50) | |
| $D_3$ | (0.57,0.71,0.78) | (0.51,0.60,0.72) | (0.50,0.50,0.50) | 0.58 |
| | (0.60,0.78,0.82) | (0.54,0.62,0.74) | (0.50,0.50,0.50) | |
| | (0.54,0.69,0.74) | (0.50,0.66,0.73) | (0.50,0.50,0.50) | |

将 $C_2$、$C_3$、$C_4$ 全部进行评价，将结果综合成如表 5-14 所示。

表 5-14　$B_1$ 指标子准则层得分分布

| 项目 | $D_1$ | $D_2$ | $D_3$ |
| --- | --- | --- | --- |
| $C_1$ | 0.17 | 0.25 | 0.58 |
| $C_2$ | 0.09 | 0.27 | 0.64 |
| $C_3$ | 0.76 | 0.19 | 0.05 |
| $C_4$ | 0.42 | 0.36 | 0.22 |

我们假设步骤 b 中计算的权重指标即为此步骤中的 $B_1$ 下的综合权重指标。将 $B_1$ 下各指标的权重 $w = (0.293, 0.306, 0.123, 0.278)^T$ 与相应的四个指标得分相乘

求和，可以得到 $D_1$、$D_2$、$D_3$ 在 $B_1$ 指标下的总得分，结果如表 5-15 所示。

表 5-15　三种方案在 $B_1$ 指标下的总得分

| 项目 | $D_1$ | $D_2$ | $D_3$ |
| --- | --- | --- | --- |
| $B_1$ | 0.288 | 0.279 | 0.433 |

从表 5-15 中可以看出，相比起 $D_1$ 和 $D_2$，$D_3$ 方案在指标 $B_1$ 下有较大优势。

d. 逐层计算得分。重复上面的步骤，分别计算出三种方案在准则层 $B$ 中各指标下的得分，假设准则层有 $B_1$、$B_2$、$B_3$、$B_4$ 四个指标，可通过步骤 c 求出 $D_1$、$D_2$、$D_3$ 在四个指标中的得分，结果如表 5-16 所示。

表 5-16　准则层得分分布

| 项目 | $D_1$ | $D_2$ | $D_3$ |
| --- | --- | --- | --- |
| $B_1$ | 0.288 | 0.279 | 0.433 |
| $B_2$ | 0.364 | 0.231 | 0.405 |
| $B_3$ | 0.421 | 0.432 | 0.147 |
| $B_4$ | 0.257 | 0.364 | 0.379 |

采用与确定经济指标中四个子准则层指标权重同样的方法，得到四个准则层指标的归一化综合权重 $w$，将此权重与准则层得分相乘求和，得到在 $D_1$、$D_2$、$D_3$ 三种方案下实现目标 $A$ 的最终评价结果，从中选取权重最高者为最优方案。

**(3) 实例研究**

S 企业为日本国际著名汽车生产制造企业，在欧洲、亚洲、北美等地均设有生产加工厂，现在需要在印度加工厂附近寻找一个零部件供应商。为了防止不确定性因素的发生，该供应商除了负责印度加工厂的零部件供应外，还要负责在中国供应商恢复生产之前，向中国加工厂提供零部件，而中国供应商能力的恢复是不确定的，也有可能要长期向中国加工厂提供零部件。目前可供选择的供应商有 $C_1$、$C_2$、$C_3$ 三家供应商，$C_1$、$C_2$、$C_3$ 三家公司价格、质量以及服务水平相当，但由于需要向两个国家提供零部件，这三家供应商处于不同国家、不同地理位置，所以该企业决定以风险因素为考虑因素，来决定选择哪一家供应商。公司决定以模糊层次分析法为方法，邀请三位专家进行评价。

① 首先根据实际情况建立层次结构模型，如图 5-1 所示。

② 列出风险因素中的三角模糊数判断矩阵。三位专家对风险因素指标进行模

# 第5章 跨境供应链供应商选择研究及案例解析

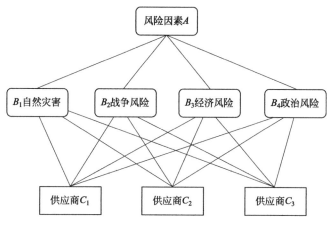

图 5-1 层次结构模型图

糊评分，具体评分情况如表 5-17 所示。

表 5-17 风险指标的三角模糊数评分

| $A$ | $B_1$ | $B_2$ | $B_3$ | $B_4$ |
| --- | --- | --- | --- | --- |
| $B_1$ | (0.50,0.50,0.50) | (0.52,0.61,0.70) | (0.57,0.68,0.75) | (0.40,0.52,0.62) |
|  | (0.50,0.50,0.50) | (0.53,0.60,0.69) | (0.56,0.69,0.74) | (0.41,0.57,0.66) |
|  | (0.50,0.50,0.50) | (0.51,0.58,0.71) | (0.54,0.65,0.75) | (0.40,0.51,0.68) |
| $B_2$ | (0.30,0.39,0.48) | (0.50,0.50,0.50) | (0.46,0.62,0.71) | (0.36,0.42,0.48) |
|  | (0.31,0.40,0.47) | (0.50,0.50,0.50) | (0.47,0.61,0.69) | (0.32,0.39,0.44) |
|  | (0.29,0.42,0.49) | (0.50,0.50,0.50) | (0.46,0.61,0.72) | (0.35,0.40,0.46) |
| $B_3$ | (0.25,0.32,0.40) | (0.29,0.38,0.54) | (0.50,0.50,0.50) | (0.28,0.39,0.46) |
|  | (0.26,0.31,0.40) | (0.31,0.39,0.53) | (0.50,0.50,0.50) | (0.26,0.34,0.45) |
|  | (0.25,0.35,0.39) | (0.28,0.39,0.54) | (0.50,0.50,0.50) | (0.25,0.36,0.44) |
| $C_4$ | (0.38,0.48,0.60) | (0.54,0.58,0.64) | (0.59,0.61,0.72) | (0.50,0.50,0.50) |
|  | (0.34,0.43,0.59) | (0.55,0.61,0.68) | (0.61,0.66,0.74) | (0.50,0.50,0.50) |
|  | (0.32,0.49,0.60) | (0.56,0.60,0.65) | (0.57,0.64,0.75) | (0.50,0.50,0.50) |

③ 计算风险指标四个准则层指标的综合权重。根据式（5-9）和式（5-10）可以检验该指标符合一致性，根据式（5-11）～式（5-13）可以得到风险指标综合权重为

$$w=(0.35,0.23,0.09,0.33)^{\mathrm{T}}$$

④ 计算风险指标子方案层得分分布。经过对 $B_1$、$B_2$、$B_3$、$B_4$ 进行三家供应商打分评价、整合计算,得到风险因素方案层得分分布如表 5-18 所示。

表 5-18　风险因素方案层得分分布

| 项目 | $C_1$ | $C_2$ | $C_3$ |
| --- | --- | --- | --- |
| $B_1$ | 0.17 | 0.25 | 0.58 |
| $B_2$ | 0.09 | 0.27 | 0.64 |
| $B_3$ | 0.76 | 0.19 | 0.05 |
| $B_4$ | 0.42 | 0.36 | 0.22 |

⑤ 计算总分。根据风险指标综合权重 $w=(0.35,0.23,0.09,0.33)^{\mathrm{T}}$ 以及表 5-17 可以计算得到三家供应商在风险因素指标之下的总得分,结果如表 5-19 所示。

表 5-19　三家供应商在风险因素指标下的总得分

| 项目 | 供应商 $C_1$ | 供应商 $C_2$ | 供应商 $C_3$ |
| --- | --- | --- | --- |
| 风险因素 | 0.287 | 0.286 | 0.427 |

由表 5-19 可知,供应商 $C_3$ 的风险因素指标权重最高为 0.427,所以选择供应商 $C_3$。

### 5.3.3　使用层次分析法/数据包络法综合评价法来选择跨境供应链中的供应商

目前,层次分析法已经在许多领域得到广泛应用,同时也暴露出其不少的缺点。除了其主观性较强以外,层次分析法在遇到因素众多、规模较大的问题时,容易出现问题,如判断矩阵难以满足一致性要求,难以进一步对其分组。

于是下面进一步使用 AHP/DEA 综合评价法来选择跨境供应链中的供应商,该方法一定程度上减少了层次分析法的主观性,并且不用对两两比较矩阵进行一致性检验。该方法的具体步骤如下。

**(1) 使用 DEA 构造对比矩阵**

设参与竞争的跨境供应商一共有 $n$ 个,评价的指标有 $m+s$ 项。跨境供应商 $j$ ($j=1,2,\cdots,n$) 的评价指标分为两类:$X_{ij}$ ($i=1,2,\cdots,m$) 是投入指标,越小越好;$Y_{rj}$ ($r=1,2,\cdots,s$) 是产出指标,越大越好。$V_i$ 是对第 $i$ 种输入的一种权系

数 ($i=1,2,\cdots,m$)，$U_r$ 是对 $r$ 种输出的一种权系数（$r=1,2,\cdots,s$）。

① 对 $n$ 个跨境供应商中任意两个供应商 $A$ 和 $B$ 按照如下公式进行计算，分别求出相对效率 $E_{AB}$ 和 $E_{BA}$（下述两个线性规划的最优解）。

a.
$$E_{AB} = \max \sum_{r=1}^{s} U_r Y_{rA}$$

$$\begin{cases} \sum_{i=1}^{m} V_i X_{iA} = 1 \\ \sum_{r=1}^{s} U_r Y_{rA} \leqslant 1 \\ \sum_{r=1}^{s} U_r Y_{rB} - \sum_{i=1}^{m} V_i X_{iB} \leqslant 0 \end{cases} \qquad (5\text{-}14)$$

b.
$$E_{BA} = \max \sum_{r=1}^{s} U_r Y_{rB}$$

$$\begin{cases} \sum_{i=1}^{m} V_i X_{iB} = 1 \\ \sum_{r=1}^{s} U_r Y_{rB} \leqslant 1 \\ \sum_{r=1}^{s} U_r Y_{rA} - \sum_{i=1}^{m} V_i X_{iA} \leqslant 0 \end{cases} \qquad (5\text{-}15)$$

② 接下来，计算供应商 $A$ 和供应商 $B$ 的相对效率 $a_{AB}$（或 $a_{BA}$）。

$$a_{AB} = \frac{E_{AB}}{E_{BA}}$$

$$a_{BA} = \frac{E_{BA}}{E_{AB}} \qquad (5\text{-}16)$$

$$a_{AA} = 1$$

③ 用同样的方法计算其他两两跨境供应商之间的相对效率，最终得出如下的对比矩阵 $A$

$$\begin{bmatrix} a_{11} & a_{12} & \cdots & a_{1n} \\ a_{21} & a_{22} & \cdots & a_{2n} \\ \cdots & \cdots & \cdots & \cdots \\ a_{n1} & a_{n2} & \cdots & a_{nn} \end{bmatrix}$$

**(2) 进行 AHP 排序**

求上面得出的对比矩阵的最大特征值 $\lambda_{max}$，并且根据公式 $A_p = \lambda_p$ 求出特征向量 $p$，$p$ 就是衡量跨境供应商的排序向量，向量 $p$ 中的最大分量所对应的供应商就是 AHP/DEA 法所得出的最合适的跨境供应商。

## 5.3.4 基于部门偏好用层次分析法/数据包络法综合评价法来选择跨境供应链中的供应商

AHP/DEA 综合评价法有效地结合了 AHP 的主观性和 DEA 的客观性，既考虑到客观因素，又带有企业的整体偏好。但是此方法局限于企业整体偏好一致的情况下，实际上，企业在选择供应商时不同部门会有不同的偏好情况，于是下面进一步介绍基于部门偏好用 AHP/DEA 法来选择跨境供应链中的供应商。

我们直接带入案例分析来介绍此方法。

**案例介绍**

跨国制造公司 S 现如今需要采购一批原材料，将其生产为成品来给国际经销商供货。可以选择的国际原材料供应商有 3 个，分别是供应商 $A$、供应商 $B$ 和供应商 $C$。对此，生产部门有自己的选择偏好。相关的信息数据如下。

① 跨境供应商原始评价指标数据表（如表 5-20 所示）。

表 5-20 跨境供应商原始评价指标数据表

| 供应商 | 生产力 | 质量 | 财务 | 跨境风险 | 成本 | 服务 | 跨境管理 |
|---|---|---|---|---|---|---|---|
| $A$ | 90 | 90 | 80 | 80 | 100 | 70 | 70 |
| $B$ | 60 | 60 | 70 | 70 | 90 | 80 | 80 |
| $C$ | 70 | 70 | 94.5 | 94.5 | 90 | 75 | 75 |

表 5-20 中，前四项是产出指标，数值越大越好，后三项是投入指标，数值越小越好。

② 生产部对以上指标有着自己的偏好，我们参考层次分析法来制订一个偏好标准。$i=1,2,\cdots,7$；$j=1,2,\cdots,7$。$i$、$j$ 都代表以上的 7 个指标。偏好标准表如表 5-21 所示。

表5-21 偏好标准

| 取值 | 偏好标准 |
|---|---|
| 1 | 指标$i$与指标$j$的影响相同 |
| 3 | 指标$i$比指标$j$的影响稍强 |
| 5 | 指标$i$比指标$j$的影响强 |
| 7 | 指标$i$比指标$j$的影响明显强 |
| 9 | 指标$i$比指标$j$的影响绝对强 |
| 2,4,6,8 | 指标$i$与指标$j$的影响之比在上述两个相邻等级之间 |
| 1/2,…,1/9 | 指标$i$与指标$j$的影响之比为上面取值的互反数 |

**(1) 运用层次分析法计算生产部门的偏好权重**

通过层次分析法中的两两比较矩阵标准化后确定生产部对于7个指标的偏好权重。指标1~7分别表示以上生产力、质量、财务、跨境风险、成本、服务、跨境管理7个指标。

① 两两比较矩阵(如表5-22所示)。

表5-22 两两比较矩阵

| 指标$j$ \ 指标$i$ | 指标1 | 指标2 | 指标3 | 指标4 | 指标5 | 指标6 | 指标7 |
|---|---|---|---|---|---|---|---|
| 指标1 | 1 | 1 | 2 | 2 | 2 | 2 | 2 |
| 指标2 | 1 | 1 | 2 | 2 | 2 | 2 | 2 |
| 指标3 | 0.5 | 0.5 | 1 | 1 | 1 | 1 | 1 |
| 指标4 | 0.5 | 0.5 | 1 | 1 | 1 | 1 | 1 |
| 指标5 | 0.5 | 0.5 | 1 | 1 | 1 | 1 | 1 |
| 指标6 | 0.5 | 0.5 | 1 | 1 | 1 | 1 | 1 |
| 指标7 | 0.5 | 0.5 | 1 | 1 | 1 | 1 | 1 |
| 总和 | 4.5 | 4.5 | 9 | 9 | 9 | 9 | 9 |

② 标准两两对比矩阵(如表5-23所示)。

表5-23 标准两两对比矩阵

| 指标$j$ \ 指标$i$ | 指标1 | 指标2 | 指标3 | 指标4 | 指标5 | 指标6 | 指标7 | 均值(权重) |
|---|---|---|---|---|---|---|---|---|
| 指标1 | 2/9 | 2/9 | 2/9 | 2/9 | 2/9 | 2/9 | 2/9 | 2/9 |
| 指标2 | 2/9 | 2/9 | 2/9 | 2/9 | 2/9 | 2/9 | 2/9 | 2/9 |
| 指标3 | 1/9 | 1/9 | 1/9 | 1/9 | 1/9 | 1/9 | 1/9 | 1/9 |

续表

| 指标 j \ 指标 i | 指标 1 | 指标 2 | 指标 3 | 指标 4 | 指标 5 | 指标 6 | 指标 7 | 均值（权重） |
|---|---|---|---|---|---|---|---|---|
| 指标 4 | 1/9 | 1/9 | 1/9 | 1/9 | 1/9 | 1/9 | 1/9 | 1/9 |
| 指标 5 | 1/9 | 1/9 | 1/9 | 1/9 | 1/9 | 1/9 | 1/9 | 1/9 |
| 指标 6 | 1/9 | 1/9 | 1/9 | 1/9 | 1/9 | 1/9 | 1/9 | 1/9 |
| 指标 7 | 1/9 | 1/9 | 1/9 | 1/9 | 1/9 | 1/9 | 1/9 | 1/9 |

则生产部对于 7 个指标的偏好权重向量为

$(2/9, 2/9, 1/9, 1/9, 1/9, 1/9, 1/9)$。

③ 一致性检验。经过层次分析法中的一致性检验，以上两两比较矩阵满足传递性和一致性。

**(2) 得出生产部门带偏好的跨境供应商评价指标数据表**

生产部门带偏好的跨境供应商评价指标数据表如表 5-24 所示。

表 5-24 带偏好的跨境供应商评价指标数据表

| 供应商 | 生产力 | 质量 | 财务 | 跨境风险 | 成本 | 服务 | 跨境管理 |
|---|---|---|---|---|---|---|---|
| A | 20 | 20 | 8.89 | 8.89 | 11.11 | 7.78 | 7.78 |
| B | 13.34 | 13.34 | 7.78 | 7.78 | 10 | 8.89 | 8.89 |
| C | 15.56 | 15.56 | 10.5 | 10.5 | 10 | 8.33 | 8.33 |

**(3) 用 DEA 法构造比较矩阵**

① $E_{AB} = \max(20u_1 + 20u_2 + 8.89u_3 + 8.89u_4)$

$$\text{s.t} \begin{cases} 11.11v_1 + 7.78v_2 + 7.78v_3 = 1 \\ 20u_1 + 20u_2 + 8.89u_3 + 8.89u_4 \leq 1 \\ 13.34u_1 + 13.34u_2 + 7.78u_3 + 7.78u_4 - 10v_1 - 8.89v_2 - 8.89v_3 \leq 0 \end{cases}$$

利用以下 matlab 程序

f=[−20;−20;−8.89;−8.89;0;0;0];A=[20,20,8.89,8.89,0,0,0;13.34,13.34,7.78,7.78,−10,−8.89,−8.89];b=[1;0];Aeq=[0,0,0,0,11.11,7.78,7.78];beq=[1];lb=[0;0;0;0;0;0;0];

[x,fval]=linprog(f,A,b,Aeq,beq,lb)

最终解得 $E_{AB} = 1$

② $E_{BA} = \max(13.34u_1 + 13.34u_2 + 7.78u_3 + 7.78u_4)$

$$\text{s.t.} \begin{cases} 10v_1 + 8.89v_2 + 8.89v_3 = 1 \\ 13.34u_1 + 13.34u_2 + 7.78u_3 + 7.78u_4 \leqslant 1 \\ 20u_1 + 20u_2 + 8.89u_3 + 8.89u_4 - 11.11v_1 - 7.78v_2 - 7.78v_3 \leqslant 0 \end{cases}$$

解得 $E_{BA} = 0.9723$

③ 则供应商 $A$ 和 $B$ 的效率比值为

$$a_{AB} = \frac{E_{AB}}{E_{BA}} = 1.0285$$

$$a_{BA} = \frac{E_{BA}}{E_{AB}} = \frac{1}{a_{AB}} = 0.9723$$

④ 同理可以得出：

供应商 $A$ 和 $C$ 的效率比值为

$$a_{AC} = 1 \qquad a_{CA} = 1$$

供应商 $B$ 和 $C$ 的效率比值为

$$a_{BC} = 0.8573 \qquad a_{CB} = 1.1665$$

⑤ 因此生产部的比较矩阵为

$$\begin{bmatrix} 1 & 1.0285 & 1 \\ 0.9723 & 1 & 0.8573 \\ 1 & 1.1665 & 1 \end{bmatrix}$$

**(4) AHP 排序得出结果**

得出以上比较矩阵的最大特征值 $\lambda = 3.0018$，对应的特征向量

$p = \begin{bmatrix} 0.5815 \\ 0.5422 \\ 0.6065 \end{bmatrix}$，则供应商 $C$ 为 $S$ 公司生产部偏好于选择的跨境供应商。

## 5.3.5 选择跨境供应链中的供应商时不同部门之间的博弈分析

在 5.3.4 节的案例中，我们通过基于部门偏好的 AHP/DEA 方法，得出了 S 公司生产部在选择跨境供应商时，通过对供应商的一系列评估最终得出的排序向量

$$p = \begin{bmatrix} 0.5815 \\ 0.5422 \\ 0.6065 \end{bmatrix}$$

生产部更偏向于选择跨境供应商 $C$。

我们假设 S 公司采购部用同样的方法得出的排序向量如下

$$p = \begin{bmatrix} 0.7233 \\ 0.5167 \\ 0.5873 \end{bmatrix}$$

采购部更偏向于选择跨境供应商 $A$。

接下来,我们直接基于以上案例,对两个部门的选择进行博弈分析,假设两个部门之间的信息是完全透明的。

**(1) 建立完全信息静态博弈模型**

建立完全信息静态博弈模型如表 5-25 所示。

表 5-25  完全信息静态博弈模型

| 生产部 \ 采购部 | 供应商 $A$ | 供应商 $C$ |
| --- | --- | --- |
| 供应商 $A$ | (0.5815, 0.7233) | (0, 0) |
| 供应商 $C$ | (0, 0) | (0.6065, 0.5873) |

**(2) 利用纳什均衡进行博弈求解**

① 采购部选择供应商 $A$ 的概率

$P_1 = 0.6065/(0.5815 + 0.6065) = 0.5105$

② 采购部选择供应商 $C$ 的概率

$P_2 = 0.5815/(0.5815 + 0.6065) = 0.4895$

③ 生产部选择供应商 $A$ 的概率

$P_3 = 0.5873/(0.7233 + 0.5873) = 0.4481$

④ 生产部选择供应商 $C$ 的概率

$P_4 = 0.7233/(0.7233 + 0.5873) = 0.5519$

**(3) 概率结果分析**

由以上的四个概率结果可以看出,通过信息透明情况下的博弈,生产部最终选择供应商 $C$ 的概率要比采购部最终选择供应商 $A$ 的概率大。若两个部门要最终达成一致,那么选择供应商 $C$ 的概率要更高。

**附:利用纳什均衡对部门之间不同选择的博弈求解方法**

某公司要从 3 个供应商中选择 1 个作为自己的供货商,部门 1 和部门 2 对 3 个供应商评估后得出了不同的排序向量。

部门 1：$(a,b,c)$

部门 2：$(d,e,f)$

假设 $a>c>b$，$f>d>e$，部门 1 偏向于选择供应商 1，部门 2 偏向于选择供应商 3，则有必要对两个部门的选择进行博弈分析。可以建立如表 5-26 所示的完全信息静态博弈模型。

表 5-26  完全信息静态博弈模型

| 部门 1 \ 部门 2 | 供应商 1 | 供应商 3 |
| --- | --- | --- |
| 供应商 1 | $(a,d)$ | $(0,0)$ |
| 供应商 3 | $(0,0)$ | $(c,f)$ |

则可以用纳什均衡求解：

部门 2 选择供应商 1 的概率

$P_1=c/(a+c)$

部门 2 选择供应商 3 的概率

$P_2=a/(a+c)$

部门 1 选择供应商 1 的概率

$P_3=f/(d+f)$

部门 1 选择供应商 3 的概率

$P_4=d/(d+f)$

最后，可以根据以上概率进行详细分析，并选择合适的供应商。

第 6 章

# 跨境供应链运输方式选择研究及案例解析

随着经济全球化的逐渐深入以及"一带一路"影响力的日益增大，跨境运输优化选择的重要性也越来越明显。目前，对于运输方式的选择研究虽然有一些，但大都集中于较短距离的国内运输。本章首先简单地介绍了跨境供应链中常用的几种运输方式，再通过运输方式的特点以及跨境供应链的特点，分析了影响跨境运输的因素，利用层次分析法进行研究分析，然后针对层次分析法分析结果的局限性，提出了更为有效的模糊层次分析法。

针对跨境供应链运输的特点，将问题分为时间、费用、运输能力、灵活性四个目标进行决策，结合指标模糊性的特点，运用模糊理论构建了基于模糊层次分析法跨境运输方式选择研究模型，而且还对模糊层次分析法进行改进，引入了模糊一致矩阵，优化了模糊层次分析法的算法步骤和应用过程。在专家打分法的基础上确定指标的权重，通过计算得出结果，并对结果进行比较分析，确定了跨境供应链运输方式的选择。

## 6.1 跨境供应链运输方式分类

运输方式是运输业中由于使用不同的运输工具、设备线路，通过不同的组织管理形成的运输形式。在人类文明缓慢开始发展的时代，运输方式以人力、畜力、风力、水力为主，随着生产力和生产水平的不断发展，运输方式也不断地实现现代化，出现了以铁路运输、公路运输、水路运输、航空运输等为主的现代运输。在跨境供应链中也是以这些基本的运输方式为基础的。合理的运输方式能有效地提高物流运输效率，降低物流成本，也能为客户提供优质高效的物流服务，达到供应链降本增效的目的。

### 6.1.1 公路运输

**(1) 公路运输的概念及优缺点**

公路运输是指在公路上运送旅客和货物的运输方式，是交通运输系统的组成部分之一。在地势崎岖、人烟稀少、铁路和水运不发达的偏远和经济落后地区，公路为主要运输方式，起着运输干线作用。

公路运输是19世纪末随着现代汽车的诞生而产生的，初期主要承担短途运输业务。第一次世界大战结束后,基于汽车工业的发展和公路里程的增加,公路运输走向发展的阶段,其不仅是短途运输的主力,并且进入长途运输的领域。第二次世界大战结束后,公路运输发展迅速。欧洲许多国家和美国、日本等国已建成比较发达的公路网,汽车工业又提供了雄厚的物质基础,促使公路运输在运输业中跃至主导地位。发达国家公路运输完成的客货周转量占各种运输方式总周转量的90%左右。公路运输在跨境运输中起着非常重要的作用。

公路运输具有以下优点。

① 适应性强。由于公路运输网一般比铁路、水路网的密度要大十几倍,分布面也比较广,因此公路运输车辆可以"无处不到、无时不有"。公路运输在时间方面的机动性也比较大,车辆可随时调度、装运,各环节之间的衔接时间较短。尤其是公路运输对客、货运量的多少具有很强的适应性,汽车的载重吨位有小有大,既可以单个车辆独立运输,也可以由若干车辆组成车队同时运输,这一点对突发性公共事件的运输具有特别重要的意义。

② 可以实现直达运输。由于汽车体积较小,中途一般也不需要换装,可以避免多次转运。除了可沿分布较广的公路网运行外,还可离开路网深入到工厂企业、农村田间、城市居民住宅等地,即可以把旅客和货物从始发地门口直接运送到目的地门口,实现"门到门"直达运输。这是其他运输方式无法与公路运输比拟的特点之一。

③ 技术的易掌握性。与火车司机或者飞机驾驶员培训要求相比较而言,汽车驾驶技术比较容易掌握,对驾驶员的各方面素质要求相对也比较低,培养的成本也相对较低。

除了这些优点之外,公路运输也存在一些不足的地方。

① 运载量小。目前世界上最大的汽车是美国通用汽车公司生产的矿用自卸车,长20多米,自重610t,载重350t左右,但仍比火车、轮船小得多;由于汽车载重量小,行驶阻力比铁路大9~14倍,所消耗的燃料又是价格较高的液体汽油或柴油,因此,除了航空运输,就是汽车运输成本最高了。

② 安全性低。据记载,自汽车诞生以来,已经吞掉3000多万人的生命,特别是20世纪90年代开始,死于汽车交通事故的人数急剧增加,平均每年达50多万。汽车排出的尾气和引起的噪声也严重威胁着人类的健康,是大城市环境污染的最大污染源之一。

③ 持续性差。由于自身的局限性,受路况影响较大,并且在短途运输中运输成本较高;超大件货物运输,需提前考察沿途道路、桥梁、涵洞等以选择路线,

还需在管理部门办理通行证等。在各种现代运输方式中，公路的平均运距是最短的，运行持续性较差。

**（2）公路运输的应用**

跨境公路运输一个重要的代表是重庆东盟公路班车。重庆东盟公路班车是由重庆市巴南区政府联合重庆公运集团发起，以重庆和东盟国家两个市场资源互补为基础，依托公路开展跨境货物运输的有益探索，取得了一定成效。重庆东盟公路班车自2016年4月28日开行以来，已建立东南亚海外物流分拨仓30余个，开通越南、泰国、新加坡等东盟国家6条干线线路（含公铁联运的亚欧线），服务范围覆盖亚欧20个国家15个港口，实现中南半岛全覆盖。截至2019年，重庆东盟公路班车共计发车2100车次，吞吐量约4600个标准集装箱，总货值14.7亿元，构建起以跨境公路为主，公铁与陆海为辅的多式联运跨境物流运输体系。

除了重庆东盟公路班车外，还有一个重要代表就是国际公路运输系统（TIR系统）。随着新冠肺炎疫情在全球范围蔓延，全球道路运输系统受到冲击，进而影响跨境供应链。为保障国际供应链畅通运转，跨境道路运输方式可以作为企业在其他运输方式因疫情受阻时的新选择，尤其是TIR跨境公路。TIR是唯一的全球性跨境货运通关系统，建立在联合国《国际公路运输公约》（《TIR公约》）的基础上，通过简化通关程序、提高通关效率，推进国际运输与贸易的便利化。与铁路、港口运输模式相比，道路运输对基础设施依赖较小，具有机动灵活、组货方便、周转速度快、路网发达、装卸方便、可以实现"门到门"运输等特点，在运输成本和效率上具有综合优势。2020年2月27日，装载电解液的TIR车队在阿拉山口口岸办理了自疫情以来首票前往欧洲的TIR业务，经哈萨克斯坦、俄罗斯、白俄罗斯，抵达波兰，运输全程7000km以上；2020年3月12日，运输锂电池的TIR车辆在二连浩特口岸办理了TIR出口运输，经蒙古国抵达俄罗斯，运输全程1500km以上；2020年3月27日，满载着纺织品、服装和鞋的车辆在满洲里口岸办理了TIR出口运输，经俄罗斯驶向西班牙。TIR系统在特殊时期为全球供应链的运转提供动力支撑。

## 6.1.2 海洋运输

**（1）海洋运输的概念及优缺点**

海洋运输又称"国际海洋货物运输"，是国际物流中最主要的运输方式，自然也是跨境供应链中一种重要的运输方式。它是指使用船舶通过海上航道在不同国家和地区的港口之间运送货物的一种方式，在国际货物运输中使用广泛。国际贸易总运量中的 2/3 以上，中国进出口货运总量的约 90% 都是利用海上运输。海洋运输对世界的改变是巨大的。

海上运输的经营方式主要有班轮运输和租船运输两大类。班轮运输指船舶在特定的航线上和既定的港口之间，按照事先规定的船期表进行有规律的、反复的航行，以从事货物运输业务并按照事先公布的费率表收取运费的一种运输方式。其服务对象是非特定的、分散的众多货主。班轮公司具有公共承运人的性质。租船运输是指租船人向船东租赁船舶用于货物运输的一种方式，通常适用于大宗货物运输。有关航线和港口、运输货物的种类以及航行的时间等，都按照承租人的要求，由船舶所有人确认。租船人与出租人之间的权利义务以双方签订的租船合同确定。

海洋运输具有以下优点。

① 通过能力强。海洋运输借助天然航道进行，不受道路、轨道的限制，通过能力更强。随着政治、经贸环境以及自然条件的变化，可随时调整和改变航线完成运输任务。它不像火车、汽车受轨道和道路的限制。

② 运载量大。随着国际航运业的发展，现代化的造船技术日益精湛，船舶日趋大型化。超巨型油轮已达 60 多万吨，第五代集装箱船的载箱能力已超过 5000TEU。其运输能力远远大于铁路运输车辆和公路运输车辆，如一艘万吨船舶的载重量，一般相当于 250~300 个车皮的载重量。

③ 运费低廉。海洋运输航道为天然形成，港口设施一般为政府所建，经营海运业务的公司可以大量节省用于基础设施的投资。船舶运载量大、使用时间长、运输里程远，单位运输成本较低，为低值大宗货物的运输提供了有利条件。

但海洋运输的生产过程一般涉及不同的国家、地区的个人和组织，也会存在一些缺点。

① 受气候、地区影响较大。海洋运输受到国际法和国际管理的约束，也受到各国政治、法律的约束和影响；并且在海上，受自然条件的影响比较大，比如台风，可以把一艘运输船卷入海底，风险比较大，遇暴风需及时躲避，遇大雾需按避碰章程办理，以防损害。货船到达商港，因港湾水深或装卸设备等硬件设施条件，会限制货船的入港与作业。另外，还有诸如海盗的侵袭，风险也不小。

② 速度慢、灵活性不高。大型船舶体积大，航线水流阻力高，因此航速一般较低，货运时效性低；由于航道与港口的限制，海运的可达性、灵活性不高，往

往需要地面运输系统的配合才能完成货物运输的全过程,也就是不能直接实现"门到门"运输服务。

③ 投资高、收入不稳定。投资额巨大、回收期长,海运公司(或船公司)订造或购买船舶需要巨额资金,船舶是其固定资产,折旧期较长(一般为20年);因为海运经营具有国际化,加上世界商船吨位严重过剩,同行业间竞争激烈;同时,还需面对其他运输方式的竞争。海运市场亦如经济景气变化,有其周期性循环,对运费高低影响很大。

**(2)海洋运输的应用**

跨境海洋运输以中国远洋海运集团(下称中远海运)为例。中远海运集团利用庞大、完善的产业集群,结合跨境电商的痛点,全面拓展供应链服务能力。中远海运携手京东、佳农为消费者带来搭载区块链技术的厄瓜多尔香蕉,运输过程中,除了结合先进的全程冷箱温控技术,保证香蕉的出货稳定和交货便捷外,更大的亮点在于,依托全球信息系统与区块链技术的交互对接,提供了非常重要的关于装运港的追溯信息来源。区块链技术天然带有不可篡改、自带信任的特性,可以提供绝对真实的全程可追溯数据。每一票货物从订舱开始,中远海运的全球信息系统就可以完整而真实地记录货物从启运港装船到目的港交货的运输全过程。当这些信息与京东区块链溯源平台有效对接共享后,消费者只要一扫货物包装上带有溯源编码的二维码,便可清晰地看到货物的出口地是否与包装上的产地信息一致,从而满足跨境电商消费者对产品品质保障、可溯源的诉求。

此外,中远海运与阿里巴巴集团菜鸟公司合作了广州南沙保税仓,这是菜鸟公司在华南地区最大的中心仓,仓库面积达6万多平方米。在广州中远海运电商供应链管理有限公司的全力推动下,短短三个月就实现了开仓运营。这也使得中远海运空运广州地区跨境电商业务,突破了单一的机场保税仓储操作模式,扩展到了海港,建立了海空联动的仓储物流服务新模式,同时缩减了原有"海港—机场"的物流环节,大大节省了物流成本。中远海运港口还与普洛斯和一海通签署战略合作协议,三方将力图形成"海上""港口及其后方园区"与"供应链服务"的无缝衔接,提供更优质的全产业链服务。

除此之外,还有2020年在厦门关区新添的"跨境电商出口+海运直航"的创新性跨境物流模式。2020年6月8日,一批共122件、计88kg的跨境电商一般出口商品在厦门海关所属邮局海关完成查验监管后,通过区域流转车辆运往海沧远海码头,搭乘"APLHOUSTON"号集装箱货轮直航美国洛杉矶港,预计在14天后抵达美国。厦门海关工作人员介绍，该批商品为厦门关区首票利用中美海运直航班轮运输的跨境电商商品，标志着厦门关区跨境电商零售出口又增加了一种新的物流模式。

受新冠肺炎疫情影响，国际航空运力大幅萎缩，运价不断攀升。为助力跨境电子商务新业态发展，发挥跨境电商稳外贸保就业的积极作用，厦门海关积极探索业务新模式，探索"跨境电商出口＋海运直航"的创新性跨境物流整合方案。该模式常态化运营后，在疫情防控期间能有效解决国际航空运力不足问题，大幅降低物流企业运输成本，缓解疫情带来的冲击。从长远看，也可增加电商企业物流通路选择，缓解跨境电商销售旺季航空运力不足问题，满足电商企业对于物流时效性和成本个性化需求，提高厦门地区跨境电商产业竞争力。

## 6.1.3 铁路运输

**(1) 铁路运输的概念及优缺点**

铁路运输是使用铁路列车运送旅客和货物的一种运输方式，在社会物质生产过程中起着重要作用。其特点是运送量大，速度快，成本较低，一般又不受气候条件限制，适合于大宗、笨重货物的长途运输，是现代运输主要方式之一，也是构成陆上货物运输的两个基本运输方式之一。

铁路运输在跨境运输中也起着十分重要的作用，现时在全球 236 个国家和地区之中，有 144 个设有铁路运输（包括全世界最小的国家梵蒂冈在内），其中约 90 个国家和地区提供客运铁路服务。铁路依然是世界上载客量最高的交通工具，拥有无法被取代的地位。

铁路运输具有以下优点。

① 运输能力大。一般每列客车可载旅客 1800 人左右，一列货车可装 2000～3500t 货物，重载列车可装 20000 多吨货物；单线单向年最大货物运输能力达 1800 万吨，复线达 5500 万吨；运行组织较好的国家，单线单向年最大货物运输能力达 4000 万吨，复线单向年最大货物运输能力超过 1 亿吨。

② 运输成本低。我国铁路运输成本是汽车运输成本的 $1/17\sim1/11$，是航空运输成本的 $1/267\sim1/97$；并且每千吨公里消耗标准燃料为汽车运输的 $1/15\sim1/11$，为民航运输的 $1/174$，整体成本是比较低的。

③ 运行速度快。铁路运输速度每昼夜可达几百公里，一般的火车可达到

100km/h，远远高于海洋运输，且平均运距为公路运输的 25 倍。

④ 运输经常性好。铁路运输几乎可以不受天气的影响，可以一年四季不分昼夜有规律、定期、准确地运转；除此之外，通用性能也好，既可运客，又可运送各类不同的货物。

铁路运输除了以上优点外，还存在一些缺陷：

① 前期投资大。铁路运输需要铺设轨道、建造桥梁和隧道，建路工程艰巨复杂；需要消耗大量钢材、木材、占用土地，其初期投资大大超过其他运输方式。且单线铁路每公里造价为 100 万～300 万元，复线造价在 400 万～500 万元。

② 建设周期长。一条干线要建设 5～10 年，而且占地面积要求很大，因此，随着人口的增长，将给社会增加更多的负担。

③ 灵活性较差。受固有轨道限制，灵活性不高；另外，铁路运输由运输、机务、车辆、工务、电务等诸多业务部门组成，要具备较强的准确性和连贯性，要求各业务部门之间必须紧密协调一致，这就要求在运输指挥方面实行统筹安排，统一领导，但是由于涉及业务和部门过多，统筹工作比较难。

**(2) 铁路运输的应用**

随着"一带一路"的建设和推进，逐渐带动跨境铁路运输发展。在北京地区定期开行的货运列车主要有从阿拉山口入境的"郑新欧"班列及经"德国—波兰—白俄罗斯—俄罗斯—满洲里"从满洲里入境的班列，两趟班列分别经郑州火车站转关和满洲里入境转关至北京百子湾车站及丰台口岸。北京丰台口岸是 1994 年开放的内陆铁路货运口岸，其货运量占北京地区铁路运输进出口货物的 90% 以上。由于铁路运输天然的低成本、低效率属性，丰台口岸历来以低价值货物为主，2014 年之前每年进口货值基本都在 2000 万美元左右。而在"新丝绸之路经济带"和"21 世纪海上丝绸之路"战略构想提出后，情况慢慢发生了变化。2014 年、2015 年丰台口岸进口货值开始加速增长，均在 6000 万美元左右。到 2016 年，北京铁路进口货值涨了 3 倍，达到 1.89 亿美元，创历史新高。

跨境铁路运输向来有多重阻碍，沿途国家的轨距、语言文字、托运方法和程序、结算货币均不同，海关检查要求也不同，所以一直处于"通而不畅"的尴尬境地。"一带一路"倡议提出后，各国海关协商、衔接渠道不断拓宽，基础设施互联互通，硬件环境逐步改善，人文交流不断增强，央行和各大商业银行在沿线国家大力构建人民币跨境支付和离岸清算体系，跨境人民币金融服务水平不断提升。随着贸易自由化、便利化水平的提高，跨境列车运输时间不断缩短，安全性不断提升，企业尝到了"一带一路"政策的甜头后，纷纷开始使用跨境列车方式运输高价值商品。

除此之外，跨境铁路运输的杰出代表还有中欧班列。中欧班列是指按照固定车次、线路等条件开行，往来于中国与欧洲及"一带一路"沿线各国的集装箱国际铁路联运班列。铺划了西中东3条通道中欧班列运行线：西部通道由我国中西部经阿拉山口（霍尔果斯）出境，中部通道由我国华北地区经二连浩特出境，东部通道由我国东南部沿海地区经满洲里（绥芬河）出境。截至2018年10月中旬，中欧班列累计开行已超11000列，运行线路65条，通达欧洲15个国家的44个城市，已成为亚欧陆路运输的重要组织形式，为亚欧的经贸往来做出了巨大贡献。亚欧之间的物流通道主要包括海运通道、空运通道和陆运通道，中欧班列以其运距短、速度快、安全性高的特征，以及安全快捷、绿色环保、受自然环境影响小的优势，已经成为跨境供应链运输的骨干方式。根据2019年10月21日报道，在新"丝绸之路"上运行的、从德国巴伐利亚发往四川的中欧班列，应用了统一运单，采用了"统一运单＋区块链技术"，意味着该班列在国际运输途中不再需要更换运单，减少作业时间及资金成本，有利于跨境运输中铁路物流降本提效，也为开展国际贸易结算融资服务提供了有力支撑。

### 6.1.4 航空运输

**(1) 航空运输的概念及优缺点**

航空运输是使用飞机、直升机及其他航空器运送人员、货物、邮件的一种运输方式，具有快速、机动的特点，是现代旅客运输，尤其是远程旅客运输的重要方式，在国际贸易中的贵重物品、鲜活货物和精密仪器等的运输中必不可少。

航空运输企业经营的形式主要有班期运输、包机运输和专机运输。通常以班期运输为主，后两种是按需要临时安排。班期运输是按班期时刻表，以固定的机型沿固定航线、按固定时间执行运输任务。当待运客货量较多时，还可组织沿班期运输航线的加班飞行。航空运输的经营质量主要从安全水平、经济效益和服务质量3方面予以评价。

航空运输具有以下优点。

① 安全性好。采用航空运输的货物本身价值较高，航空运输的地面操作流程环节比较严格，管理制度比较完善。随着科学技术的进步，其安全性能不断增加，

这就使货物破损率很低,安全性较好。

② 灵活性高,适合季节性产品。随着生活水平的提高,人们对于食品的新鲜程度有着很高的要求,特别对于那些价格昂贵的产品,保鲜度的问题只能够借助航空运输来实现。鲜活商品对时间的要求很高,运输延迟会使商品失去原有价值。采取航空运输可以保证商品新鲜成活,有利于开辟远距离的市场。对于季节性商品,航空运输能够保证在销售季节到来前应市,避免了由于错过季节导致商品无法销售而产生的费用。

③ 运输速度快。在空中受自然地理条件限制较小,一般都是取两点之间最短距离,运输距离不会因为避让而变长变多,且一般飞机的时速是 $800 \sim 1000 km/h$。速度极快。当今世界市场竞争十分激烈,行情瞬息万变,时间成本是企业需要考虑的重要因素,航空运输较高的运送速度已成为当前国际市场上商品竞争的有利因素。

航空运输有以下缺点。

① 运输能力小。飞机机舱容积和载重量都比较小,对物品的大小、种类、数量等都有很大的限制,总体运量较小。

② 运输成本高。制造飞机所需的材料和零部件都比较昂贵,且在飞行时所消耗的燃料较多并价值较高,因此,运载成本和运价都比较高。

③ 受天气影响。由于飞行受气象条件的限制,遇到恶劣天气就需要重新规划路线或者延迟航班,在飞行途中如遇到突发极端恶劣天气,在无法控制的情况下,还会出现人身安全问题。

**(2) 航空运输的应用**

我国电子商务这些年的高速发展已经带动了整个国内航空货运业务的迅猛增长,诞生了"三通一达"和顺丰等一批中国本土的民营快递上市企业。整个跨境电商以及跨境供应链的蓬勃发展,将原有海运的集装箱批量贸易拆散为高频次的零散式的碎片化小额贸易订单,越来越多的出口货物将会以航空包裹的形式呈现。在国内的运输中,航空运输的应用比重其实不算太大,但是航空运输已成为现代社会最重要的交通运输形式,成为国际政治往来和经济合作的纽带。这里面既包括国际友好合作,也包含着国际激烈竞争,在服务、运价、技术协调、经营管理和法律法规的制订实施等方面,都要受国际统一标准的制约和国际航空运输市场的影响。

上海环航国际物流公司提供进出口货物国际空运服务,与多家国际航空公司建立了良好的合作关系，覆盖全球各大机场航空运输，拥有快捷、准时、高效的航空运输优势航线，同时提供进出口海关报关、订舱、商检、磁检、制单等全方位一体化服务。在当今对货物时效要求更为快捷的背景下，该公司推出机场直飞国际空运、中转货物航空运输、国际跨境电商（DDU DDP）航空快件海外仓双清空运"门到门"服务。

## 6.1.5 多式联运

**（1）多式联运的概念及优缺点**

国际多式联运（International Multimodal Transport）简称多式联运，是在集装箱运输的基础上产生和发展起来的，是指按照国际多式联运合同，以至少两种不同的运输方式，由多式联运经营人将货物从一国境内的接管地点运至另一国境内指定交付地点的货物运输。国际多式联运适用于水路、公路、铁路和航空多种运输方式。

多式联运是一种比区段运输高级的运输组织形式，20世纪60年代末美国首先试办多式联运业务，受到货主的欢迎；随后，国际多式联运在北美、欧洲和远东地区开始采用；20世纪80年代，国际多式联运已逐步在发展中国家实行。当前，国际多式联运已成为一种新型的重要的国际集装箱运输方式，受到国际航运界的普遍重视，在跨境运输中的应用十分广泛。

开展国际集装箱多式联运具有许多优越性，主要表现在以下几个方面。

① 简化手续、提高效率。无论货物运输距离有多远，需要由几种运输方式共同完成，且不论运输途中货物经过多少次转换，所有一切运输事项均由多式联运经营人负责办理。而托运人只需办理一次托运，订立一份运输合同，支付一次费用，办理一次保险，从而省去托运人办理托运手续的许多不便。同时，由于多式联运采用一份货运单证，统一计费，因而也可简化制单和结算手续，节省人力和物力，此外，一旦运输过程中发生货损货差，由多式联运经营人对全程运输负责，从而也可简化理赔手续，减少理赔费用。

② 提升运输速度、提高质量。各个运输环节和各种运输工具之间配合密切，衔接紧凑，货物所到之处中转迅速及时，大大减少货物的在途停留时间，从而从根本上保证了货物安全、迅速、准确、及时地运抵目的地，因而也相应地降低了货物的库存量和库存成本。同时，多式联运通过集装箱为运输单元进行直达运输，尽管货运途中需经多次转换，但由于使用专业机械装卸，且不涉及槽内货物，因

而货损货差事故大为减少，从而在很大程度上提高了货物的运输质量。

③ 降低运输成本。由于多式联运可实行"门到门"运输，因此对货主来说，在货物交由第一承运人以后即可取得货运单证，并据以结汇，从而提前了结汇时间。这不仅有利于加速货物占用资金的周转，而且可以减少利息的支出。此外，由于货物是在集装箱内进行运输的，因此从某种意义上来看，可相应地节省货物的包装、理货和保险等费用的支出。

④ 提高运输管理水平。对于区段运输而言，由于各种运输方式的经营人各自为政，自成体系，因而其经营业务范围受到限制，货运量相应也有限。而一旦由不同的运输经营人共同参与多式联运，经营的范围可以大大扩展，同时可以最大限度地发挥其现有设备作用，选择最佳运输线路，组织合理化运输。

但多式联运还存在以下缺点。

① 管理困难。在运输过程中如果有一点点信息没有及时更新，就会引起后续一系列的连锁反应，而因为涉及的主体和因素很多，会导致管理困难。

② 货物安全问题。多式联运的不同阶段都涉及不同的主体和工作人员，随着不同运输方式的变更，货物也随之不断变更，并且会经过很多人的手，存在很大的破损和丢失风险。

③ 担责问题。多式联运总承运人是对整个运输过程承担责任，但其他具体承运人只负责自己那段，如果真的出了问题，追究责任会很困难。

**(2) 多式联运的应用**

2019年8月11日，青海省首发从海西州格尔木市至马来西亚巴生港、斯里兰卡科伦坡港的国际陆海贸易新通道铁海联运班列。本次班列途经广西钦州港，主要装载货物为500t氯化钾和52t PVC，这是全国化肥出口关税全面放开后，青海省氯化钾产品首次出口马来西亚。青海省商务厅将进一步推进"国际陆海贸易新通道"管理运营平台、推进贸易便利化等工作，实现区域联动发展，持续推进陆海新通道铁海联运班列常态化开行。2019年8月12日，一批来自越南胡志明市的过境中转货物，搭乘厦门中亚班列发往哈萨克斯坦阿拉木图。这是首个搭乘厦门中亚班列的越南集装箱货柜，标志着该海铁联运的物流通道顺利开通。该批来自越南的货物品类主要为木制家具，货值1.4万美元。箱货在进行开箱查验、加封关锁后，将用时10多天抵达哈萨克斯坦阿拉木图。该运输方式较传统运输方式，可节约至少10天时间，每箱物流成本可减少1500元。截至2019年7月底，已有368标箱货物过境厦门，货值达2732万美元。

2020年6月8日，两列满载着二手汽车、家居建材等货物的班列从中哈物流基地鸣笛发出，分别开往蒙古国乌兰巴托市、乌兹别克斯坦塔什干，标志着"日本-中国（连云港）-蒙古"整列中铁箱铁海快线班列顺利首发，同时，这也是继霍尔果斯、阿拉山口、喀什三个口岸之后，连云港又新增了"二连浩特"这一跨境运输通道，陆海联运通道建设迈上新台阶。具体来说，就是中铁集装箱公司组织、班轮公司等物流企业参与，为客户提供一次委托、一单到底、全程服务、绿色高效的多式联运班列服务产品。通过固定路径、固定班期、固定发到时间，实现铁路班列和海运班轮的高效无缝衔接，打通全程物流服务链条，具有精确货物发到时间、网络覆盖遍布全球、铁海信息高度共享、运输过程动态掌握、一站式无忧服务的特点，不仅实现了"过境箱+出口箱"的混编，更实现了"保税货物+出口货物"的混拼箱业务常态化开展。

除此之外，装载着130个标准集装箱的"哈绥俄亚"班列自绥芬河自贸片区启运，从绥芬河铁路口岸出境，借港出海，把装着板材和木制品的集装箱发往我国盐田、蛇口港和美国诺夫克、休斯敦等地。在疫情防控期间，绥芬河自贸片区多式联运的跨境通道仍然保持畅通。自2020年初到4月末，"哈绥俄亚"共发运15个班列，1470个标箱，货值1.32亿元，货量2.21万吨。多式联运的跨境通道已实现常态化运营。

综上所述，在跨境供应链管理中，运输方式的选择和应用是十分复杂的，对全球经济贸易有着不容忽视的影响。在以往的国际经济贸易中，运输成本是一项较大的支出，会对企业造成较大的负担，不利于跨境供应链的进一步深化，阻碍了经济的发展。因此，相关专业人员应该充分了解并掌握跨境运输的需求以及特点，并对各种运输方式有着全面的了解，根据面临的实际情况，选择最适合的方案进行货物的运输，在保障货物运输质量的前提下减少跨境供应链管理中的开支，进而实现参与方的经济利益最大化，加强国际间的合作，促进经济的进一步发展。

## *6.2* 构建层次分析法模型

### 6.2.1 层次分析法模型概述

层次分析法是在20世纪70年代提出的一种将定量分析和定性分析有机结合起

来的系统分析方法。该方法将问题的相关因素转化为目标、准则和方案等层次，然后进行定量和定性分析，特点是能将人的判断标准用定量的形式表现出来，通过对事物的复杂本质和相关影响因素的深入分析后，绘制清晰的层次结构图，然后逐个因素建立判断矩阵，在此基础上结合各个层次的权重求解评价值并进行层次总排序，根据评价的结果选出最佳的方案。

层次分析法将复杂的目标问题分解为不同的单位因素，各单位因素根据属性不同分为若干的组，从而形成若干的层次，同层次的因素对下层因素起支配作用，同时受到上层因素的支配。最上层因素是目标，中间是指标，最下层是方案，形成自上而下支配关系的递阶层次。递阶层次结构原理如图6-1所示。

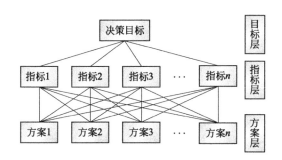

**图6-1　递阶层次结构原理**

层次分析法包含两两比较的原理，通过两个因素的两两比较确定其相对重要性，并根据此构建判断矩阵，使用近似算法计算相对权重和综合权重，并通过一致性检验来验证权重的分配是否合理，最终据此完成决策。

可以用公式表示如下：

用 $W$ 表示 $n$ 个决策方案的权重因子

$$W^T = [w_1, w_2, \cdots, w_n] \tag{6-1}$$

利用如表6-1所示标度，对 $n$ 个决策方案分别进行两两比较，得到判断矩阵：

$$A = (a_{ij})_{m \times n} \tag{6-2}$$

其中

$$a_{ij} = w_i / w_j \tag{6-3}$$

于是，得到

$$AW = nW \tag{6-4}$$

如果 $A$ 是一致判断矩阵，则有：$n$ 是 $A$ 的特征值，$W$ 为 $A$ 的特征向量。

$$\lambda_{\max} = n \tag{6-5}$$

然后通过层次单排序和层次多排序对方案进行衡量,并根据衡量结果确定优选的方案。

从表 6-1 可以看出,层次分析法是通过标度对定性的问题进行量化分析,从而将人们的主观判断定量化和具体化。

表 6-1  1-9 标度及其说明

| 标度值 | 重要性等级 |
| --- | --- |
| 1 | 两个因素相比较,具有同样的重要性 |
| 3 | 两个因素相比较,前者比后者稍重要 |
| 5 | 两个因素相比较,前者比后者明显重要 |
| 7 | 两个因素相比较,前者比后者强烈重要 |
| 9 | 两个因素相比较,前者比后者极端重要 |
| 2,4,6,8 | 前述所谓相邻比较矩阵的中间值 |
| 倒数 | 两个因素相比较,后者比前者重要的程度 |

## 6.2.2　利用层次分析法选择跨境供应商运输方式

以跨境运输中应用比较多的海洋运输和铁路运输为例,我们运用层次分析法进行分析选择。

① 构建层次结构模型。分析海运和铁路运输的要素集合和相关关系,用结构分析法建立系统的层次结构模型,运输方式层次结构模型如图 6-2 所示。

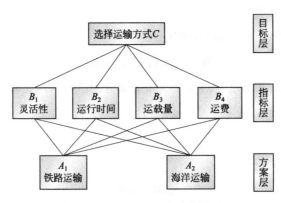

图 6-2　运输方式层次结构模型

② 构建判断矩阵并对矩阵进行一致性检验。

a. 从最上层要素开始,依次以最上层要素为依据,对下一层要素两两比较,建立判断矩阵(见表 6-2)。

表 6-2  C-B 优先关系矩阵

| 运输方式选择 | $B_1$ | $B_2$ | $B_3$ | $B_4$ | 优先级向量 |
|---|---|---|---|---|---|
| 灵活性 $B_1$ | 1 | 1/2 | 1/3 | 1/4 | 0.0912 |
| 运行时间 $B_2$ | 2 | 1 | 1/4 | 1/3 | 0.1290 |
| 运载量 $B_3$ | 3 | 4 | 1 | 1/3 | 0.2854 |
| 运费 $B_4$ | 4 | 3 | 3 | 1 | 0.4944 |

b. 一致性检验。

由

$$MW = \begin{bmatrix} 1 & 1/2 & 1/3 & 1/4 \\ 2 & 1 & 1/4 & 1/3 \\ 3 & 4 & 1 & 1/3 \\ 4 & 3 & 3 & 1 \end{bmatrix} \begin{bmatrix} 0.0912 \\ 0.1209 \\ 0.2854 \\ 0.4944 \end{bmatrix} = \begin{bmatrix} 0.3067 \\ 0.5395 \\ 1.2074 \\ 2.0781 \end{bmatrix}$$

有最大特征根为

$$\lambda_{\max} = \frac{1}{4}\left[\frac{0.3067}{0.0912} + \frac{0.5395}{0.1209} + \frac{1.2074}{0.2854} + \frac{2.0781}{0.4944}\right] = 4.0648$$

则

$$C_I = \frac{4.0648 - 4}{4 - 1} = 0.0216$$

对一致性进行检验    $C_R = \dfrac{C_I}{R_I} = \dfrac{0.0216}{0.90} = 0.024 < 0.1$

因此此矩阵一致性在容许范围内,判断矩阵可用。

③ 再以第二层要素为依据,对第三层要素建立判断矩阵。由于此时有四个指标,故有四个判断矩阵,如表 6-3~表 6-6 所示。

表 6-3  B-A 优先关系矩阵(对 $B_1$)

| 灵活性 $B_1$ | $A_1$ | $A_2$ | 优先级向量 |
|---|---|---|---|
| 铁路运输 $A_1$ | 1 | 3 | 0.7500 |
| 海洋运输 $A_2$ | 1/3 | 1 | 0.2500 |

表 6-4　B-A 优先关系矩阵（对 $B_2$）

| 运行时间 $B_2$ | $A_1$ | $A_2$ | 优先级向量 |
|---|---|---|---|
| 铁路运输 $A_1$ | 1 | 1/5 | 0.1667 |
| 海洋运输 $A_2$ | 5 | 1 | 0.8333 |

表 6-5　B-A 优先关系矩阵（对 $B_3$）

| 运载量 $B_3$ | $A_1$ | $A_2$ | 优先级向量 |
|---|---|---|---|
| 铁路运输 $A_1$ | 1 | 1/3 | 0.2500 |
| 海洋运输 $A_2$ | 3 | 1 | 0.7500 |

表 6-6　B-A 优先关系矩阵（对 $B_4$）

| 运费 $B_4$ | $A_1$ | $A_2$ | 优先级向量 |
|---|---|---|---|
| 铁路运输 $A_1$ | 1 | 1/2 | 0.3333 |
| 海洋运输 $A_2$ | 2 | 1 | 0.6667 |

④ 根据上述四个矩阵，求总体优先级，如表 6-7 所示。

表 6-7　总体优先级

| 选择运输方式 | $B_1$ 0.0912 | $B_2$ 0.1290 | $B_3$ 0.2854 | $B_4$ 0.4944 | 总体优先级 |
|---|---|---|---|---|---|
| 铁路运输 $A_1$ | 0.7500 | 0.1667 | 0.2500 | 0.3333 | 0.3261 |
| 海洋运输 $A_2$ | 0.2500 | 0.8333 | 0.7500 | 0.6667 | 0.6740 |

总体优先级计算：

$A_1$：$0.0912 \times 0.7500 + 0.1290 \times 0.1667 + 0.2854 \times 0.2500 + 0.4944 \times 0.3333 = 0.3261$

$A_2$：$0.0912 \times 0.2500 + 0.1290 \times 0.8333 + 0.2854 \times 0.7500 + 0.4944 \times 0.6667 = 0.6740$

按照总体优先级，海洋运输的总体优先级为 0.6740，铁路运输的总体优先级为 0.3261，所以 $A_2 > A_1$，即应选择海洋运输。

## 6.2.3　层次分析法选择运输方式优缺点评述

层次分析法是一种重要的求解方法，在多目标决策问题的求解中比较常用，优点有以下几个方面。

① 层次分析法把研究对象作为一个系统,按照分解、比较判断、综合的思维方式进行决策。每一层的权重设置最后都会直接或间接影响到结果,而且在每个层次中的每个因素对结果的影响程度都是量化的,非常清晰、明确。

② 把定性方法与定量方法有机地结合起来,使复杂的系统分解,能将人们的思维过程数学化、系统化,便于人们接受,且能把多目标、多准则又难以全部量化处理的决策问题化为多层次单目标问题,简单明确,容易了解和掌握。

③ 层次分析法是一种模拟人们决策过程的思维方式的方法,把判断各要素的相对重要性的步骤留给了大脑,所需定量数据信息较少,只保留人脑对要素的印象,再化为简单的权重进行计算。

但是实践证明,层次分析法也有其明显的缺点,具体表现在以下几个方面。

① 由于人们的一般认识和客观事物的差异性以及用标度进行度量的不准确性,导致判断矩阵不满足一致性的条件,所以,应该对一致性的检验进行一些修正。

② 检验判断矩阵的一致性非常困难。检验判断矩阵的一致性,需要看最大特征根 $\lambda$ 与判断矩阵的阶数 $n$ 的关系,若阶数 $n$ 非常大时,$\lambda$ 的求解就非常复杂。

③ 对判断矩阵的一致性考虑的较多,对其合理性的讨论较少。

④ 对于定量指标信息的使用不足。层次分析法多是讨论定性指标的评价,对于既有定性指标又有定量指标的定量信息讨论的较少,在这种情况下,应该优先使用定量指标,没有定量指标的情况下才使用定性指标。

因此为了解决一般层次分析法存在的问题,本章下面将采取模糊层次分析法对跨境供应链运输方式选择进行进一步的分析。

# 6.3 基于模糊层次分析法的跨境供应链运输方式选择实例研究

## 6.3.1 模糊层次分析法概述

模糊数学与层次分析法相结合,产生了模糊层次分析法(FAHP)。客观世界的复杂性和永恒运动的不断变化,使世界具有随机性的不确定性和更普遍的不确定性，即模糊性。随着科学的发展，所面临的矛盾越来越多，其中一个十分突出的矛盾是模糊性和精确性的对立。但是，有些情况，一定程度的模糊反而显得更加精确，过分的精确反而会显得模糊。经典结合满足排中率，即对任意一个对象的性质，要么具有，要么不具有。

模糊层次分析法具有判断矩阵的模糊性和计算的简洁性的特点，解决了一般层次分析法标度繁琐、判断矩阵一致性难以达到等不足，通过构建层次结构模型而后建立优先关系矩阵，并通过优先关系矩阵计算模糊一致矩阵，通过选定的评价指标进行层次单排序，将单排序计算出来的优属度进行层次总排序后，经过计算得到结果，将得到的结果进行比较，选出最优结果，即完成模糊层次分析法的优选过程。将模糊层次分析法引入运输方式选择评价模型中来，使运输方式选择评价过程清晰，简化了大量计算，为运输方式选择评价提供了一种新的、有效的方法。

模糊层次分析法（FAHP）相对以上方法有以下优点：简化了人们判断目标相对重要性的复杂程度，具有判断矩阵的模糊性和计算的简洁性的特点，解决了层次分析法标度烦琐的不足，利用优先关系矩阵来定量地描述决策具有转化方便、快捷的优点。将模糊层次分析法（FAHP）应用于运输方式选择评价模型中，使得人们接受和操作更容易，同时便于计算机编程的实现，对决策结果的可信度提高具有重要意义，是一种有效的运输方式选择评价方法。

## 6.3.2 模糊层次分析法的应用过程

模糊层次分析法的应用，主要可以包括层次结构模型的构建、专家咨询、计算排序和方案评定等几个阶段。下面是各阶段的具体内容。

第一阶段：层次结构的构建。构建层次结构是模糊层次分析法的第一个关键阶段，直接决定着模糊层次分析法最终结果的质量，是一个由抽象到具体、由定性到定量、自上而下的思维过程，主要包括明确决策目标、确定对象属性和建立指标体系等几个方面的内容。

第二阶段：专家咨询。专家咨询是模糊层次分析法的第二个关键阶段，咨询得到的答案将直接影响模糊层次分析法的计算结果和应用的实际效果，主要包括制订专家咨询书、选聘专家咨询和汇总计算咨询结果等内容。

第三阶段：计算排序。根据模糊层次分析法计算步骤和相应公式进行层次单排序，计算优属度值，求出平均优属度值，结合权重对最终评价值进行计算，最后进行层次总排序。

第四阶段：最优方案的选定。根据最终的计算结果对各个方案进行评定，选出最优的方案。

### 6.3.3 模糊层次分析法的数学模型

在模糊层次分析法中，采用0.1~0.9的标度法对两个因素做两两比较，从而得到其模糊判断矩阵。0.1~0.9的标度法如表6-8所示。

表6-8  0.1~0.9的标度法

| 标度 | 定义 | 说明 |
|---|---|---|
| 0.5 | 同等重要 | 两因素相比较,同等重要 |
| 0.6 | 稍微重要 | 两因素相比较,一因素比另一因素稍微重要 |
| 0.7 | 明显重要 | 两因素相比较,一因素比另一因素明显重要 |
| 0.8 | 重要得多 | 两因素相比较,一因素比另一因素重要得多 |
| 0.9 | 极端重要 | 两因素相比较,一因素比另一因素极端重要 |
| 0.1,0.2,0.3,0.4 | 反比较 | 若因素$a_i$与因素$a_j$相比较得到判断$r_{ij}$,则因素$a_i$与因素$a_j$相比较得到的判断为$r_{ji}=1-r_{ij}$ |

① 模糊互补判断矩阵的建立。在模糊层次分析法中，通过对两因素的两两相互比较，得到模糊判断矩阵

$$\boldsymbol{A} = (a_{ij})_{m \times n} \tag{6-6}$$

如果具有以下性质：

a. $a_{ij} = 0.5$, $i = 1, 2, \cdots, n$；

b. $a_{ij} + a_{ji} = 1$, $i = 1, 2, \cdots, n$；

那么，这样的矩阵就称为模糊互补判断矩阵。

当$a_{ij} = 0.5$时，说明因素$X_i$与因素$X_j$同等重要；当$a_{ij} > 0.5$时，说明因素$X_i$比因素$X_j$重要；当$a_{ij} < 0.5$时，说明因素$X_j$比因素$X_i$重要。

各因素$a_1, a_2, \cdots, a_n$相互进行比较，可以得出模糊互补判断矩阵如下

$$\boldsymbol{A} = \begin{pmatrix} a_{11} & \mathrm{K} & a_{1n} \\ \mathrm{M} & \mathrm{O} & \mathrm{M} \\ a_{n1} & \mathrm{L} & a_{nn} \end{pmatrix} \tag{6-7}$$

② 模糊互补判断矩阵的权重公式

$$W_i = \frac{\sum_{i=1}^{n} a_{ij} + \frac{n}{2} - 1}{n(n-1)}, \quad i=1,2,\cdots,n \tag{6-8}$$

该公式包含了模糊一致判断矩阵的良好特性和判断信息，计算量较小，极大地方便了应用，是求解模糊互补判断矩阵权重公式的一般通用公式。

③ 模糊互补判断矩阵的一致性检验方法。

由式（6-8）求得的权重值是否合理，还要经过比较判断的一致性检验。当其偏移一致性过大时，说明此权重值是不可靠的。

下面给出的是用模糊判断矩阵的相容性来检验一致性的方法。

设矩阵 $A = (a_{ij})_{m \times n}$ 和 $B = (b_{ij})_{m \times n}$ 均为模糊判断矩阵，称

$$I(A,B) = \frac{1}{n^2} \sum_{i=1}^{n} \sum_{j=1}^{n} |a_{ji} + b_{ij} - 1| \tag{6-9}$$

为 $A$ 和 $B$ 的相容性指标。

设 $W = (W_1, W_2, \cdots, W_n)^T$ 是模糊判断矩阵 $A$ 的权重向量，其中

$$\sum_{i=1}^{n} W_i = 1, \quad W_i \geqslant 0 (i=1,2,\cdots,n)$$

令 $W_{ij} = \dfrac{W_i}{W_i + W_j}$（$\forall i, j = 1,2,3,\cdots,n$），则称 $n$ 阶矩阵

$$W^* = (W_{ij})_{m \times n} \tag{6-10}$$

为判断矩阵 $A$ 的特征矩阵。

当相容性指标 $I(A,W)$ 小于等于决策者的态度 @ 时，说明其一致性是符合要求的；@ 越小就说明决策者对一致性的要求越高，一般可取 @ = 0.1。

模糊判断矩阵的一致性在构建模糊判断矩阵时非常重要，它反映了人们对事物思维判断的一致性。但在实际中，由于客观事物的复杂性和人们认识的片面性，往往会造成构造出的判断矩阵不具有一致性，这时，需要对其进行调整，使其能够满足一致性的要求。

### 6.3.4 模糊层次分析法的建立

**(1) 引入模糊一致矩阵**

基于模糊判断矩阵的模糊层次分析法虽然克服了传统层次分析法的一些缺点，

但是在模糊判断矩阵的一致性上难以保证,而且最终计算的结果也不尽如人意,因此,本章在此基础上引入模糊一致矩阵的概念,并据此选出更为合理的方案,形成较为理想的决策方法。

设矩阵 $\boldsymbol{R}=(r_{ij})_{n\times m}$,若满足条件

$$0\leqslant r_{ij}\leqslant 1\ (i=1,2,\cdots,n;\ j=1,2,\cdots,n) \tag{6-11}$$

则称 $\boldsymbol{R}$ 是模糊矩阵。

若模糊矩阵 $\boldsymbol{R}=(r_{ij})_{n\times m}$,满足条件

$$r_{ij}+r_{ji}=1\ (i=1,2,\cdots,n;\ j=1,2,\cdots,n) \tag{6-12}$$

则称模糊矩阵 $\boldsymbol{R}$ 是模糊互补矩阵。

若模糊矩阵 $\boldsymbol{R}=(r_{ij})_{n\times m}$,满足条件

$$\forall i,j,k\ 有\ r_{ij}=r_{ik}-r_{jk}+0.5 \tag{6-13}$$

则称模糊矩阵 $\boldsymbol{R}$ 是模糊一致矩阵。

其中 $r_{ij}=0.5$,表示因素 $i$ 和因素 $j$ 同样重要;$0\leqslant r_{ij}\leqslant 0.5$ 表示因素 $j$ 比因素 $i$ 重要,且 $r_{ij}$ 越小,因素 $j$ 比因素 $i$ 越重要;$0.5\leqslant r_{ij}\leqslant 1$ 表示因素 $i$ 比因素 $j$ 重要,且 $r_{ij}$ 越大,因素 $i$ 比因素 $j$ 越重要。

模糊互补矩阵调整为模糊一致矩阵的方法:

对模糊互补矩阵 $\boldsymbol{R}=(r_{ij})_{n\times m}$ 按行求和,记为 $r_i=\sum_{k=1}^{n}r_{ik}$,$i=1,2,\cdots,n$。进行如下数学变换

$$r_{ij}=(r_i-r_j)/2n+0.5 \tag{6-14}$$

则变换以后的矩阵是模糊一致矩阵。

模糊一致矩阵 $\boldsymbol{R}=(r_{ij})_{n\times m}$ 有如下性质:

a. $\forall i\ (i=1,2,\cdots,n)$,有 $r_{ii}=0.5$ 表示自身比较同等重要。

b. $\forall i,j(i,j=1,2,\cdots,n)$,有 $r_{ij}+r_{ji}=1$。说明因素 $i$ 和因素 $j$ 相比较的重要性与因素 $j$ 和因素 $i$ 相比较的重要性正好互补。

c. $\boldsymbol{R}$ 的第 $i$ 行和第 $i$ 列的因素之和为 $n$,说明模糊一致矩阵有很强的鲁棒性。

d. 从 $\boldsymbol{R}$ 中划去任意行及其对应列所得的子矩阵仍是模糊一致矩阵。该性质的意义在于设计好模糊一致矩阵后,如果又要删除某一因素,则不必重新设计模糊一致矩阵,只要从原矩阵中删除该因素对应行与列即可。

e. $\boldsymbol{R}$ 满足中分传递性,即当 $\lambda\geqslant 0.5$ 时,若 $r_{ij}\geqslant\lambda$,$r_{jk}\geqslant\lambda$,则 $r_{ik}\geqslant\lambda$;当 $\lambda\leqslant 0.5$ 时,若 $r_{ij}\leqslant\lambda$,$r_{jk}\leqslant\lambda$,则 $r_{ik}\leqslant\lambda$。

该性质反映了人们思维判断的一致性,当因素 $i$ 比因素 $j$ 重要,因素 $j$ 比因素 $k$ 重要时,则因素 $i$ 一定比因素 $k$ 重要;当因素 $i$ 没有因素 $j$ 重要,因素 $j$ 没有因素 $k$ 重要时,则因素 $i$ 一定没有因素 $k$ 重要。

**(2) 算法步骤**

模糊层次分析法具有和人的思维一致性的特点,因此,在评价指标较多和评价带有模糊性的方案中应用较多。下面针对模糊层次分析法的计算步骤做详细的介绍。

a. 构建优先关系矩阵。表达每一层次中各因素对上一层中某个因素的相对重要性可以用矩阵形式,矩阵因素的确定方法如下。

可以用 0、0.5 和 1 进行标度来确定因素值,这种方法简便易行。在 $m$ 个因素下、$n$ 个参评方案所构成的优选问题,首先对 $m$ 个单因素建立模糊优先关系矩阵 $\boldsymbol{B}_k = (b_{ij}^k)_{n \times n}$($b_{ij}^k$ 为在因素 $k$ 下 $A_i$ 对 $A_j$ 的优先关系系数),其值为

$$b_{ij}^k = \begin{cases} 0, & \text{如果在因素 } k \text{ 下},A_i \text{ 优于 } A_j \\ 0.5, & \text{如果在因素 } k \text{ 下},A_i \text{ 与 } A_j \text{ 等优} \\ 1, & \text{如果在因素 } k \text{ 下},A_i \text{ 劣于 } A_j \end{cases} \quad (6-15)$$

b. 一级模糊矩阵的建立。将优先关系矩阵改造成模糊一致矩阵,并进行检验,确保其一致性。对同一类的每个因素进行评价,称为一级模糊综合评判,设对 $i$ 类中的第 $j$ 个因素进行 $U_{ij}$ 评判,评判对象的隶属度为 $r_{jk}$($j=1,2,\cdots,n$;$k=1,2,\cdots,m$),即表示因素 $U_{ij}$ 具有评判 $V_k$($k=1,2,\cdots,m$)的程度。则一级模糊综合评判的单因素评判矩阵

$$\boldsymbol{R}_k = (r_{ij}^k)_{n \times n} \quad (6-16)$$

根据式(6-14),其中

$$r_{ij}^k = \frac{r_i^k - r_j^k}{2n} + 0.5 \quad (6-17)$$

$$r_i = \sum_{l=1}^{n} b_{il} \quad (6-18)$$

$$r_j = \sum_{l=1}^{n} b_{lj} \quad (6-19)$$

因为,对 $\forall l = 1,2,\cdots,n$

$$r_{il}^k - r_{lj}^k + 0.5 = \frac{r_i^k - r_l^k}{2n} + 0.5 - (\frac{r_j^k - r_l^k}{2n} + 0.5) + 0.5 = \frac{r_i^k - r_j^k}{2n} + 0.5 = r_{ij}^k$$

所以，经过改造后就得到了模糊一致矩阵 $\boldsymbol{R}^k$（$k=1,2,\cdots,m$）。

c. 层次单排序。根据判断矩阵，计算对上一层某因素而言，本层次的因素重要性的优先权重的方法称为层次单排序。单因素和指标权重的优属度值 $s_i^k$ 的计算方法如下：

计算在方案 $A_i$ 下 $k$ 因素的优属度值 $s_i^k$，采用方根法

$$s_i^k = \frac{\overline{s_i}}{\sum_{l=1}^{n}\overline{s_l}} \tag{6-20}$$

其中

$$\overline{s_i} = \left(\prod_{l=1}^{n} r_{il}^k\right)^{\frac{1}{n}} \tag{6-21}$$

d. 层次总排序。所谓的层次总排序，即为计算同一层包含的因素对最高层重要性的排序权值。利用同一层次中所有层次单排序的结果，就可以计算针对上一层次而言，本层次所有因素重要性的权值。层次总排序需要从上到下逐层顺序进行，对于最高层下面的第二层，其层次单排序即为总排序。参照系可分性原理，在方案优选时，将考虑的因素按照其属性分为若干分系统，对分系统采用单层次-多因素模型来计算各方案的优属度值。

可以由公式

$$s_i = \sum_{k=1}^{m} w_k s_i^k \, (i=1,2,\cdots,n) \tag{6-22}$$

对 $s_i$ 进行排序可得到 $n$ 个方案在 $m$ 个因素影响下的优属度排名。

以上过程即为模糊层次分析法的计算步骤，根据此计算步骤进行运输方式选择的评价计算。

## 6.3.5 基于模糊层次分析法的跨境供应商运输方式选择实例

A 公司是德国一家生产铜和各种铜合金的工业公司。A 公司每周需要为其合资企业 KMD Stolberg 提供原料。原料在河南新乡工厂生产，新乡工厂技术成熟后，可以开始生产大量的原料。A 公司要找出将中国河南工厂的材料或预轧材料运输到德国 Stolberg 工厂的最便宜的成本，接下来将基于模糊层次分析法选择合适的运输方式。

**(1) 运用模糊层次分析法建立层次结构**

本章之前运用层次分析法对海洋运输和铁路运输进行了分析比较,但由于层次分析法得出的结论还有一定的局限性。因此,我们追求在考虑运输能力的情况下,费用最低,运输时间最佳,灵活性最优,使得选择的运输方式达到最优。

通过将费用、运行时间、运输能力、灵活性作为主要目标选择优化运输方式的思路,根据指标定量和定性的特点,应用模糊层次分析法建立层次结构模型。建立判断矩阵进行计算分析,以运输成本、端点可变成本、准时性、稳定性、承载力、停靠站次数六个因素为评价指标,形成运输方式选择优化评价指标体系。

根据模糊层次分析法的计算步骤,构建层次结构模型如图 6-3 所示。

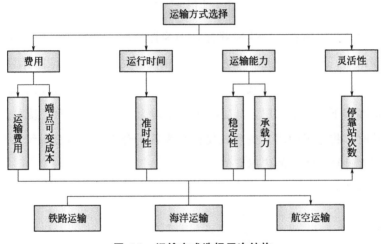

图 6-3 运输方式选择层次结构

**(2) 专家咨询确定指标权重**

① 专家咨询打分。专家打分综合表如表 6-9 所示。

表 6-9 专家打分综合表

| 第一层 A(目标层) | | 运输方式选择 | | | | | |
|---|---|---|---|---|---|---|---|
| 第二层 B(准则层) | | 费用 | | 运行时间 | 运输能力 | | 灵活性 |
| 第三层 C(指标层) | 评价因素 | 运输成本 | 端点可变成本 | 准时性 | 稳定性 | 承载力 | 停靠站次数 |
| 第四层 D(方案层) | 铁路 | 8 | 6 | 8 | 8 | 7 | 6 |
| | 海洋 | 7 | 8 | 7 | 7 | 9 | 8 |
| | 航空 | 6 | 9 | 9 | 6 | 6 | 9 |

② 选聘专家咨询并计算结果。考虑运输方式选择的需求特性，结合模糊层次分析法，选聘专业领域机关和基层各层次的专家进行咨询，采用打分的方式确定相应的权重值。运输方式选择评价指标权重确定表如表 6-10 所示。

表 6-10 运输方式选择评价指标权重确定表

| 费用<br>(0.35) | | 运行时间<br>(0.2) | 运输能力<br>(0.3) | | 灵活性<br>(0.15) |
|---|---|---|---|---|---|
| 运输费用<br>(0.7) | 端点可变成本<br>(0.3) | 准时性<br>(1) | 稳定性<br>(0.2) | 承载力<br>(0.8) | 停靠站次数<br>(1) |

**(3) 对各指标进行数据处理**

① 运输成本。通过对材料的分析得出三种运输方式在运输费用的优先关系矩阵为

$$\boldsymbol{B} = \begin{pmatrix} 0.5 & 0 & 0 \\ 1 & 0.5 & 0 \\ 1 & 1 & 0.5 \end{pmatrix}$$

根据优先关系矩阵由式（6-18）计算得

$$r_{i_1} = 0.5; \quad r_{i_2} = 1.5; \quad r_{i_3} = 2.5$$

由式（6-19）计算得

$$r_{j_1} = 2.5; \quad r_{j_2} = 1.5; \quad r_{j_3} = 0.5$$

根据计算结果并由式（6-16）、式（6-17）构建模糊一致矩阵为

$$\boldsymbol{R} = \begin{pmatrix} \dfrac{1}{6} & \dfrac{1}{3} & \dfrac{1}{2} \\ \dfrac{1}{3} & \dfrac{1}{2} & \dfrac{2}{3} \\ \dfrac{1}{2} & \dfrac{2}{3} & \dfrac{5}{6} \end{pmatrix}$$

再通过式（6-20）、式（6-21）运用方根法计算方案 $A_i$ 在 $k$ 因素下的优属度值 $S_i^k$

$$\overline{S_1} = \left(\prod_{l=1}^{n} r_{1l}\right)^{\frac{1}{n}} = \left(\prod_{l=1}^{3} r_{1l}\right)^{\frac{1}{3}} = \left(\frac{1}{6} \times \frac{1}{3} \times \frac{1}{2}\right)^{\frac{1}{3}} = 0.3029$$

$$\overline{S_2} = \left(\prod_{l=1}^{n} r_{2l}\right)^{\frac{1}{n}} = \left(\prod_{l=1}^{3} r_{2l}\right)^{\frac{1}{3}} = \left(\frac{1}{3} \times \frac{1}{2} \times \frac{2}{3}\right)^{\frac{1}{3}} = 0.4807$$

$$\overline{S_3} = (\prod_{l=1}^{n} r_{3l})^{\frac{1}{n}} = (\prod_{l=1}^{3} r_{3l})^{\frac{1}{3}} = (\frac{1}{2} \times \frac{2}{3} \times \frac{5}{6})^{\frac{1}{3}} = 0.6525$$

$$S_i^k = \frac{\overline{S_1}}{\sum_{l=1}^{n} \overline{S_l}} = \frac{\overline{S_1}}{\overline{S_1} + \overline{S_2} + \overline{S_3}} = \frac{0.3029}{0.3029 + 0.4807 + 0.6525} = 0.2109$$

$$S_i^k = \frac{\overline{S_2}}{\sum_{l=1}^{n} \overline{S_l}} = \frac{\overline{S_2}}{\overline{S_1} + \overline{S_2} + \overline{S_3}} = \frac{0.4807}{0.3029 + 0.4807 + 0.6525} = 0.3347$$

$$S_i^k = \frac{\overline{S_3}}{\sum_{l=1}^{n} \overline{S_l}} = \frac{\overline{S_3}}{\overline{S_1} + \overline{S_2} + \overline{S_3}} = \frac{0.6525}{0.3029 + 0.4807 + 0.6525} = 0.4544$$

② 端点可变成本。

$$B = \begin{pmatrix} 0.5 & 1 & 0 \\ 0 & 0.5 & 0 \\ 1 & 1 & 0.5 \end{pmatrix}$$

根据优先关系矩阵由式（6-18）计算得

$$r_{i_1} = 1.5; \quad r_{i_2} = 0.5; \quad r_{i_3} = 2.5$$

由式（6-19）计算得

$$r_{j_1} = 1.5; \quad r_{j_2} = 2.5; \quad r_{j_3} = 0.5$$

根据计算结果并由式（6-16）、式（6-17）构建模糊一致矩阵为

$$R = \begin{pmatrix} \frac{1}{2} & \frac{1}{3} & \frac{2}{3} \\ \frac{1}{3} & \frac{1}{6} & \frac{1}{2} \\ \frac{2}{3} & \frac{1}{2} & \frac{5}{6} \end{pmatrix}$$

再通过式（6-20）、式（6-21）运用方根法计算方案 $A_i$ 在 $k$ 因素下的优属度值 $S_i^k$。

$$\overline{S_1} = (\prod_{l=1}^{n} r_{1l})^{\frac{1}{n}} = (\prod_{l=1}^{3} r_{1l})^{\frac{1}{3}} = (\frac{1}{2} \times \frac{1}{3} \times \frac{2}{3})^{\frac{1}{3}} = 0.4807$$

$$\overline{S_2} = (\prod_{l=1}^{n} r_{2l})^{\frac{1}{n}} = (\prod_{l=1}^{3} r_{2l})^{\frac{1}{3}} = (\frac{1}{3} \times \frac{1}{6} \times \frac{1}{2})^{\frac{1}{3}} = 0.3029$$

$$\overline{S_3} = (\prod_{l=1}^{n} r_{3l})^{\frac{1}{n}} = (\prod_{l=1}^{3} r_{3l})^{\frac{1}{3}} = (\frac{2}{3} \times \frac{1}{2} \times \frac{5}{6})^{\frac{1}{3}} = 0.6525$$

$$S_i^k = \frac{\overline{S_1}}{\sum_{l=1}^{n} \overline{S_l}} = \frac{\overline{S_1}}{\overline{S_1} + \overline{S_2} + \overline{S_3}} = \frac{0.4807}{0.3029 + 0.4807 + 0.6525} = 0.3347$$

$$S_i^k = \frac{\overline{S_2}}{\sum_{l=1}^{n} \overline{S_l}} = \frac{\overline{S_2}}{\overline{S_1} + \overline{S_2} + \overline{S_3}} = \frac{0.3029}{0.3029 + 0.4807 + 0.6525} = 0.2109$$

$$S_i^k = \frac{\overline{S_3}}{\sum_{l=1}^{n} \overline{S_l}} = \frac{\overline{S_3}}{\overline{S_1} + \overline{S_2} + \overline{S_3}} = \frac{0.6525}{0.3029 + 0.4807 + 0.6525} = 0.4544$$

③ 准时性。

$$\boldsymbol{B} = \begin{pmatrix} 0.5 & 0 & 1 \\ 1 & 0.5 & 1 \\ 0 & 0 & 0.5 \end{pmatrix}$$

根据优先关系矩阵由式（6-18）计算得

$$r_{i_1} = 1.5; \quad r_{i_2} = 2.5; \quad r_{i_3} = 0.5$$

由式（6-19）计算得

$$r_{j_1} = 1.5; \quad r_{j_2} = 0.5; \quad r_{j_3} = 2.5$$

根据计算结果并由式（6-16）、式（6-17）构建模糊一致矩阵为

$$\boldsymbol{R} = \begin{pmatrix} \frac{1}{2} & \frac{2}{3} & \frac{1}{3} \\ \frac{2}{3} & \frac{5}{6} & \frac{1}{2} \\ \frac{1}{3} & \frac{1}{2} & \frac{1}{6} \end{pmatrix}$$

再通过式（6-20）、式（6-21）运用方根法计算方案 $A_i$ 在 $k$ 因素下的优属度值 $S_i^k$。

$$\overline{S_1} = (\prod_{l=1}^{n} r_{1l})^{\frac{1}{n}} = (\prod_{l=1}^{3} r_{1l})^{\frac{1}{3}} = (\frac{1}{2} \times \frac{2}{3} \times \frac{1}{3})^{\frac{1}{3}} = 0.4807$$

$$\overline{S_2} = (\prod_{l=1}^{n} r_{2l})^{\frac{1}{n}} = (\prod_{l=1}^{3} r_{2l})^{\frac{1}{3}} = (\frac{2}{3} \times \frac{5}{6} \times \frac{1}{2})^{\frac{1}{3}} = 0.6525$$

$$\overline{S_3} = (\prod_{l=1}^{n} r_{3l})^{\frac{1}{n}} = (\prod_{l=1}^{3} r_{3l})^{\frac{1}{3}} = (\frac{1}{3} \times \frac{1}{2} \times \frac{1}{6})^{\frac{1}{3}} = 0.3029$$

$$S_i^k = \frac{\overline{S_1}}{\sum_{l=1}^{n} \overline{S_l}} = \frac{\overline{S_1}}{\overline{S_1} + \overline{S_2} + \overline{S_3}} = \frac{0.4807}{0.3029 + 0.4807 + 0.6525} = 0.3347$$

$$S_i^k = \frac{\overline{S_2}}{\sum_{l=1}^{n} \overline{S_l}} = \frac{\overline{S_2}}{\overline{S_1} + \overline{S_2} + \overline{S_3}} = \frac{0.6525}{0.3029 + 0.4807 + 0.6525} = 0.4544$$

$$S_i^k = \frac{\overline{S_3}}{\sum_{l=1}^{n} \overline{S_l}} = \frac{\overline{S_3}}{\overline{S_1} + \overline{S_2} + \overline{S_3}} = \frac{0.3029}{0.3029 + 0.4807 + 0.6525} = 0.2109$$

④ 稳定性。

$$\boldsymbol{B} = \begin{pmatrix} 0.5 & 0 & 0 \\ 1 & 0.5 & 1 \\ 1 & 0 & 0.5 \end{pmatrix}$$

根据优先关系矩阵由式（6-18）计算得

$$r_{i_1} = 0.5; \quad r_{i_2} = 2.5; \quad r_{i_3} = 1.5$$

由式（6-19）计算得

$$r_{j_1} = 2.5; \quad r_{j_2} = 0.5; \quad r_{j_3} = 1.5$$

根据计算结果并由式（6-16）、式（6-17）构建模糊一致矩阵为

$$\boldsymbol{R} = \begin{pmatrix} \frac{1}{6} & \frac{1}{2} & \frac{1}{3} \\ \frac{1}{2} & \frac{5}{6} & \frac{2}{3} \\ \frac{1}{3} & \frac{2}{3} & \frac{1}{2} \end{pmatrix}$$

再通过式（6-20）、式（6-21）运用方根法计算方案 $A_i$ 在 $k$ 因素下的优属度值 $S_i^k$

$$\overline{S_1} = (\prod_{l=1}^{n} r_{1l})^{\frac{1}{n}} = (\prod_{l=1}^{3} r_{1l})^{\frac{1}{3}} = \left(\frac{1}{6} \times \frac{1}{2} \times \frac{1}{3}\right)^{\frac{1}{3}} = 0.3029$$

$$\overline{S_2} = (\prod_{l=1}^{n} r_{2l})^{\frac{1}{n}} = (\prod_{l=1}^{3} r_{2l})^{\frac{1}{3}} = (\frac{1}{2} \times \frac{5}{6} \times \frac{2}{3})^{\frac{1}{3}} = 0.6525$$

$$\overline{S_3} = (\prod_{l=1}^{n} r_{3l})^{\frac{1}{n}} = (\prod_{l=1}^{3} r_{3l})^{\frac{1}{3}} = \left(\frac{1}{3} \times \frac{2}{3} \times \frac{1}{2}\right)^{\frac{1}{3}} = 0.4807$$

$$S_i^k = \frac{\overline{S_1}}{\sum_{l=1}^{n} \overline{S_l}} = \frac{\overline{S_1}}{\overline{S_1} + \overline{S_2} + \overline{S_3}} = \frac{0.3029}{0.3029 + 0.4807 + 0.6525} = 0.2109$$

$$S_i^k = \frac{\overline{S_2}}{\sum_{l=1}^{n} \overline{S_l}} = \frac{\overline{S_2}}{\overline{S_1} + \overline{S_2} + \overline{S_3}} = \frac{0.6525}{0.3029 + 0.4807 + 0.6525} = 0.4544$$

$$S_i^k = \frac{\overline{S_3}}{\sum_{l=1}^{n} \overline{S_l}} = \frac{\overline{S_3}}{\overline{S_1} + \overline{S_2} + \overline{S_3}} = \frac{0.4807}{0.3029 + 0.4807 + 0.6525} = 0.3347$$

⑤ 承载力。

$$\boldsymbol{B} = \begin{pmatrix} 0.5 & 1 & 0 \\ 0 & 0.5 & 0 \\ 1 & 1 & 0.5 \end{pmatrix}$$

根据优先关系矩阵由式（6-18）计算得

$$r_{i_1} = 1.5; \quad r_{i_2} = 0.5; \quad r_{i_3} = 2.5$$

由式（6-19）计算得

$$r_{j_1} = 1.5; \quad r_{j_2} = 2.5; \quad r_{j_3} = 0.5$$

根据计算结果并由式（6-16）、式（6-17）构建模糊一致矩阵为

$$\boldsymbol{R} = \begin{pmatrix} \frac{1}{2} & \frac{1}{3} & \frac{2}{3} \\ \frac{1}{3} & \frac{1}{6} & \frac{1}{2} \\ \frac{2}{3} & \frac{1}{2} & \frac{5}{6} \end{pmatrix}$$

再通过式（6-20）、式（6-21）运用方根法计算方案 $A_i$ 在 $k$ 因素下的优属度值 $S_i^k$

$$\overline{S_1} = (\prod_{l=1}^{n} r_{1l})^{\frac{1}{n}} = (\prod_{l=1}^{3} r_{1l})^{\frac{1}{3}} = \left(\frac{1}{2} \times \frac{1}{3} \times \frac{2}{3}\right)^{\frac{1}{3}} = 0.4807$$

$$\overline{S_2} = (\prod_{l=1}^{n} r_{2l})^{\frac{1}{n}} = (\prod_{l=1}^{3} r_{2l})^{\frac{1}{3}} = \left(\frac{1}{3} \times \frac{1}{6} \times \frac{1}{2}\right)^{\frac{1}{3}} = 0.3029$$

$$\overline{S_3}=(\prod_{l=1}^{n}r_{3l})^{\frac{1}{n}}=(\prod_{l=1}^{3}r_{3l})^{\frac{1}{3}}=\left(\frac{2}{3}\times\frac{1}{2}\times\frac{5}{6}\right)^{\frac{1}{3}}=0.6525$$

$$S_i^k=\frac{\overline{S_1}}{\sum_{l=1}^{n}\overline{S_l}}=\frac{\overline{S_1}}{\overline{S_1}+\overline{S_2}+\overline{S_3}}=\frac{0.4807}{0.3029+0.4807+0.6525}=0.3347$$

$$S_i^k=\frac{\overline{S_2}}{\sum_{l=1}^{n}\overline{S_l}}=\frac{\overline{S_2}}{\overline{S_1}+\overline{S_2}+\overline{S_3}}=\frac{0.3029}{0.3029+0.4807+0.6525}=0.2109$$

$$S_i^k=\frac{\overline{S_3}}{\sum_{l=1}^{n}\overline{S_l}}=\frac{\overline{S_3}}{\overline{S_1}+\overline{S_2}+\overline{S_3}}=\frac{0.6525}{0.3029+0.4807+0.6525}=0.4544$$

⑥ 灵活性。

$$\boldsymbol{B}=\begin{pmatrix}0.5 & 1 & 1\\ 0 & 0.5 & 1\\ 0 & 0 & 0.5\end{pmatrix}$$

根据优先关系矩阵由式（6-18）计算得

$$r_{i_1}=2.5;\ r_{i_2}=1.5;\ r_{i_3}=0.5$$

由式（6-19）计算得

$$r_{j_1}=0.5;\ r_{j_2}=1.5;\ r_{j_3}=2.5$$

根据计算结果并由式（6-16）、式（6-17）构建模糊一致矩阵为

$$\boldsymbol{R}=\begin{pmatrix}\dfrac{5}{6} & \dfrac{2}{3} & \dfrac{1}{2}\\[6pt] \dfrac{2}{3} & \dfrac{1}{2} & \dfrac{1}{3}\\[6pt] \dfrac{1}{2} & \dfrac{1}{3} & \dfrac{1}{6}\end{pmatrix}$$

再通过式（6-20）、式（6-21）运用方根法计算方案 $A_i$ 在 $k$ 因素下的优属度值 $S_i^k$

$$\overline{S_1}=(\prod_{l=1}^{n}r_{1l})^{\frac{1}{n}}=(\prod_{l=1}^{3}r_{1l})^{\frac{1}{3}}=\left(\frac{5}{6}\times\frac{2}{3}\times\frac{1}{2}\right)^{\frac{1}{3}}=0.6525$$

$$\overline{S_2}=(\prod_{l=1}^{n}r_{2l})^{\frac{1}{n}}=(\prod_{l=1}^{3}r_{2l})^{\frac{1}{3}}=\left(\frac{2}{3}\times\frac{1}{2}\times\frac{1}{3}\right)^{\frac{1}{3}}=0.4807$$

$$\overline{S_3}=(\prod_{l=1}^{n}r_{3l})^{\frac{1}{n}}=(\prod_{l=1}^{3}r_{3l})^{\frac{1}{3}}=\left(\frac{1}{2}\times\frac{1}{3}\times\frac{1}{6}\right)^{\frac{1}{3}}=0.3029$$

$$S_i^k=\frac{\overline{S_1}}{\sum_{l=1}^{n}\overline{S_l}}=\frac{\overline{S_1}}{\overline{S_1}+\overline{S_2}+\overline{S_3}}=\frac{0.6525}{0.3029+0.4807+0.6525}=0.4544$$

$$S_i^k=\frac{\overline{S_2}}{\sum_{l=1}^{n}\overline{S_l}}=\frac{\overline{S_2}}{\overline{S_1}+\overline{S_2}+\overline{S_3}}=\frac{0.4807}{0.3029+0.4807+0.6525}=0.3347$$

$$S_i^k=\frac{\overline{S_3}}{\sum_{l=1}^{n}\overline{S_l}}=\frac{\overline{S_3}}{\overline{S_1}+\overline{S_2}+\overline{S_3}}=\frac{0.3029}{0.3029+0.4807+0.6525}=0.2109$$

**（4）最优方案的选定**

通过专家评价打分法得到的权重值及计算所得到的隶属度值，运用式（6-22）计算各运输方式的最终评价值为

$$s_1=\sum_{k=1}^{6}w_k s_i^k=(0.2109\times0.7+0.3347\times0.3)\times0.35+0.3347\times1\times0.2+$$
$$(0.2109\times0.2+0.3347\times0.8)\times0.3+0.4544\times1\times0.15$$
$$=0.3149$$

$$s_2=\sum_{k=1}^{6}w_k s_i^k=(0.3347\times0.7+0.2109\times0.3)\times0.35+0.4544\times1\times0.2+$$
$$(0.4544\times0.2+0.2109\times0.8)\times0.3+0.3347\times1\times0.15$$
$$=0.3231$$

$$s_3=\sum_{k=1}^{6}w_k s_i^k=(0.4544\times0.7+0.4544\times0.3)\times0.35+0.2109\times1\times0.2+$$
$$(0.3347\times0.2+0.4544\times0.8)\times0.3+0.2109\times1\times0.15$$
$$=0.3620$$

由模糊层次分析法的运算过程可知，模糊矩阵是取数值小的为优而建立的，而评价指标中的数值是越小越好，选取运输路程短的为优，选取运输时间少的为优，根据指标优劣的选取方法和计算的步骤可以知道，评价的最终结果中，数值最小的就是我们要选取的最优方案。

计算得到的最终结果即为三种运输方式选择的最终优化评价值，选取数值最小的一个即为最优运输方式。经过计算结果的比较可知，海洋运输为最优方案，铁路运输次之，航空运输方案是三种方式中最差的选择。

本章通过运用模糊层次分析法建立了层次结构，分别对运输成本、端点可变成本、运输时间、稳定性、承载力、停靠站次数进行了优属度值的计算，并结合权重求出了最终评价值，确定了评价方案。

# 第 7 章

## 跨境供应链风险管理研究及案例解析

## 7.1 供应链风险概述

对于企业来说，供应链风险使得企业财富减少、市场份额降低，但是企业供应链风险管理不只是消极地承担风险，而是应以积极的态度对待它，采取有效的方式来降低它带来的损失。所以企业供应链风险管理对企业经营发挥着积极的作用。另外，虽然企业供应链风险需要一定成本，但是供应链风险管理所避免的风险损失就是一种收益。我国供应链风险管理还处于初始阶段，对于跨国企业的跨境供应链来说，其形势更加严峻，供应链风险影响程度更高。

### 7.1.1 风险的定义

在生产活动和日常生活中，随着人们对风险的研究不断加深，以及实际中所遇到的风险也在不断变化，人们对风险的定义也不同。由于研究角度以及实践中所需结果的不同，对于风险的定义暂无一致公认的含义，大致存在以下几种观点。

**(1) 不确定性**

风险是一种不确定性，我们不能确定最终的结果是什么，它可能会变化各种状态，以及出现各种结果。尽管我们可以根据生活或者工作的经验，或者对之前的数据以及案例进行研究，但是它发生的过程以及到达何种状态，企业面临多大的损失或者收益，这些都是不确定的。

**(2) 损失的可能性**

当我们执行某种行为时，其可能产生损失，形成不好的结果，这种损失发生的可能性称为风险。它的结果确定为损失，与第一种观点的差别是，第一种观点的结果是不确定的，强调这种不确定性，可能是损失，也有可能是收益，而损失可能性的观点认为，最终的结果为损失，收益被认为无风险。

**(3) 结果对期望的偏离**

在一定条件下和一定时期内，可能出现实际结果在期望结果上下波动，这种波动表明事情的过程不能被我们所控制，其在随着周围环境以及发生的各种其他状况而不断改变。其次，这些波动又具有一些统计性，衡量波动性的主要指标有变量的期望值和方差（或标准差）。其中，期望值表示经过多次进行，波动的变化均值便是期望，而方差表示波动的离散程度，越大表示波动越大。这种观点更多地强调实际结果与期望的偏差，表明事件会出现多种结果，如果只出现一种，即没有差异，这一事件就是确定的，也就不存在风险；如果结果有多种，而且在期望结果上下波动得厉害，则表示风险较大。

本书对于风险的定义是从企业角度出发，企业的风险是指企业在运作过程中，存在着诸多影响目标实现的不确定性因素，而这些因素可能会让企业遭遇损失或者影响获得收益。

## 7.1.2 风险的特征

**(1) 客观性和主观性**

风险的客观性是指风险是客观存在的，是不以人的意志为转移的。风险一直存在于我们的生活中，尽管人们经过长期的学习和研究，积累了丰富的经验，但是风险是不可能通过任何手段完全消除的。风险的主观性一方面是指人们在某些时候故意损害，使企业遭遇损失，另一方面是人们对风险的认识不足，判断错误，加剧了风险的危害。

**(2) 风险的必然性与偶然性**

风险的必然性源于风险的客观性，有些风险不管人们怎么防范，它都必然发生，但是风险在什么时间、什么地点、什么部门以何种状态出现或发生，又具有偶然性。单个风险发生时，其具有偶然性，当大量风险发生时，所发生的结果能根据数据进行估算，这又反映了风险的必然性。

**(3) 风险的可变性**

在一定条件下，风险是可以转化的。风险可能随着人们防范和控制风险能力的提高，风险的危害程度降低，但也有可能风险转化为其他因素，产生新的风险。

## 7.1.3 供应链风险定义

根据上面对风险的定义，供应链风险是供应链偏离预定管理目标的可能性，这种可能性会给企业带来损失，包括直接的财产、设备、库存、人员的损失，以及原材料短缺、产品退货增加、积极性降低、竞争水平下降,企业形象和地位的间接损失。它是一种潜在的威胁,影响了整个供应链成员之间的相互合作、相互协调、共同进步的能力,造成系统混乱的局面,甚至有可能导致供应链出现断裂。

跨国制造企业供应链使企业范围延伸至整个世界,扩大了整个供应链的规模,随之而来的供应链风险对各个企业的影响也逐渐增大。供应链风险在不断发生变化,供应链上不存在固定的供应商、专门的国际化物流运输网络,供应链上各企业的合作也是有一定期限的,这些都会使得供应链风险发生变化。供应链风险给企业造成的不仅仅是某一部分的损失,还会影响长期的经营效益以及名誉形象,所以供应链管理者应该把目光放在企业各种供应链风险上,注重供应链风险。

### 7.1.4 供应链风险的来源

**(1) 供应链的复杂性,由不同企业构成**

供应链由多个不同类型的企业构成,随着技术的飞跃,国家间投资壁垒的降低,有些企业甚至在不同国家,这种交织的复杂网链结构,比普通单个企业系统复杂得多。链上的每个企业都承担着重要的一环,要求每个企业之间都能达到最佳衔接,能把产品在正确的时间,按正确的数量、正确的质量、正确的状态送到下一级,这样才能保证整个供应链成本最小。但是供应链是一个复杂的开放式系统,外部环境时常影响着企业,这使得某些环节的企业为了应对外部环境状况出现延迟现象,这将影响与它对接的下一环节的企业,从而影响整条供应链上的企业,使得整个供应链遭受损失。

**(2) 供应链的动态性,随时间而变化**

由于市场充满了未知性,未来发展变化快,对需求的预测越来越难。产品周期变得越来越短,整个供应链无法获取可供企业进行预测的历史需求数据。此外,不仅客户需求难以预测,链上的各成员企业之间的关系也随时间的变化而发生改变,有的企业甚至退出了供应链。为了应对动态变化的市场条件和竞争环境,供应链上企业都会调整相应的策略来应对变化,但是各个企业的战略有可能不一样,有些可能相互冲突,这就容易引发矛盾,影响供应链的正常运行,破坏整个供应链,造成严重的后果。

**(3) 供应链的不确定性**

供应链的不确定性来自供应的不确定性、需求的不确定性、企业内部过程的不确定性和企业外部环境的不确定性。供应的不确定性存在于材料从供应商的供应商到重点公司的运输过程中，包括供应商的可靠性，单一或双重采购，制定或购买决策，集中式采购与分散式采购以及安全问题。需求的不确定性主要是客户需求不断变化，不能得到及时准确的客户需求，客户满意度大大降低，从而影响企业利益。企业内部过程不确定性是指供应链是一条网链结构，这种网链结构不能像企业集团那样有效约束成员企业的行为，这些将会降低企业对变化的环境与需求的响应程度。外部环境的不确定性更多是指自然灾害、战争、国家政策，这些无法控制的因素会影响企业创造价值，使企业蒙受损失。

## 7.1.5 供应链风险管理

**(1) 供应链风险管理定义**

供应链风险管理是企业供应链管理中重要的一部分，供应链管理更多的是通过有效地整合各个环节资源，提高客户满意度，提升供应链的效能。而供应链风险管理是从反面出发，找出哪些因素会阻碍企业发展，影响整个供应链的发展运作，对其进行防范和控制，从而尽量减少供应链的损失，也就是说增加了效益。

在供应链组建和运营过程中，整个系统存在着脆弱性，这是导致供应链风险的一个重要原因。而且供应链产生的原因、方式和结果都是动态变化的，因此，对供应链风险的管理困难重重，难度极高。供应链风险管理就是对供应链在运作过程中那些可能导致风险的因素进行管理和控制，通过供应链风险管理技术的支持，对产生的供应链因素进行监测、诊断和管理。其包括对供应链上的风险进行供应链风险因素识别与评估，并在此基础上制订出有效的应对和防范措施，尽量降低供应链风险给企业带来的损失，能用较少的资源来保证供应链的正常运作，实现供应链管理的目标。供应链风险管理主要包括以下内容：供应链风险识别、供应链风险评估、供应链风险防范方案的制订与供应链风险应对，在某些方面，供应链风险管理还包括对供应链风险的预测，如何反馈，以及供应链风险中断的研究。

**(2) 供应链风险管理步骤**

① 供应链风险识别。对供应链风险管理的首要任务就是对风险进行识别，其

目的就是通过科学的手段分析供应链系统中的风险,对其供应链风险因素进行辨认和识别,观察和研究之前供应链风险事件的特征,了解各种风险之间的相互关联,是对供应链风险的感知和发现。因此,通过识别风险,决策者或决策群体会对引发不确定性的事件有统一清醒的认识。

② 供应链风险评估。除了供应链风险识别之外,还需要能够自我保护,以免受已识别风险的危害,并且在企业和组织网络水平上根据情形选择合适的管理活动。因此,能够评估供应链风险以及对供应链风险区分出先后次序是非常重要的。供应链风险评估的目的是对供应链风险因素之间的相互关联和相互作用、影响程度,以及企业承受能力进行研究评价,找出原因。

③ 供应链风险控制。根据评价结果,找出原因,迅速对各类供应链风险提出回避、损失控制、风险承受和转移等应对方案,通过制订和执行政策、程序等方法将供应链风险控制在可以接受、控制、弥补的程度内,从而确保有效实施风险策略计划。

## 7.2 基于 SCOR 模型的跨国制造企业供应链风险因素识别

### 7.2.1 供应链运作参考模型

供应链运作参考(SCOR)模型是供应链协会(SCC)的成果,作为供应链管理的跨行业标准,是用来描述、分析和设计结构的供应链工具。SCOR 模型建立在业务流程重组、标杆设定及业务流程的概念之上,它将这些技术集成到一个可配置的跨功能框架中,该框架包含业务流程、指标、最佳实践和技术特征的元素,可用作企业描述分析供应链的通用语言。通过设计这些标准化流程,我们可以描述不同企业供应链的行为并为它们建立模型相互比较,建立供应链合作伙伴之间的关系,使得企业之间能够用通用的语言准确地交流供应链问题,从而对供应链进行管理和改进,提高其效能。

SCOR 模型主要涵盖了三个方面的内容:第一,它涵盖了所有市场交互,它从市场的需求转变为订单,再到订单的履行;第二,它涵盖了产品交易,包含了从供应商到制造商,再到分销商以及客户之间的所有产品交易过程;第三,它涵盖了客户相互往来,其过程包含将客户需求转变为产品,客户从订单输入到付费发票的整个过程。SCOR模型提供了一个跨组织边界的供应链分类和分析的通用语言,在供应链风险管理方面,使用SCOR有助于方案实施,树立更全面的风险识别,有助于客户、供应商及利益相关方协调合作。

## 7.2.2 供应链运作模型流程要素

SCOR模型将供应链定义为:计划、采购、制造、配送及退货的集合流程,具体如图7-1所示,每个流程都被认为是一个重要的组织内部功能和关键的组织间过程。其运作范围包括供应商、供应商的供应商和客户、客户的客户。

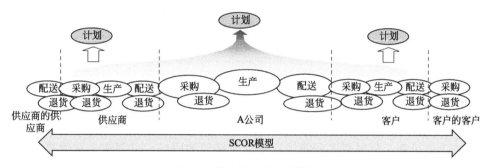

图7-1 供应链运作参考模型

SCOR模型中的流程要素是相互影响的,计划对采购、生产和配送都有影响,采购对生产产生影响,生产对配送产生影响。

SCOR模型是从计划流程开始的。计划是核心,提供了供应链运营的指导方针。计划流程使用来自外部和内部运营的信息来平衡总需求和供应。SCOR模型表明了运行"模拟"完成整个链上供应/需求平衡的可能。另一个重要的能力是获取实时信息并重新平衡供应链。

采购实际上是将制造商和供应商联系起来,也就是供应链的上游,对于制造类型的企业来说至关重要。采购包括采购商品和服务以满足计划。在采购中尽量建立长期友好的供应商关系,减少采购成本。

生产过程包括将原材料转化为成品以满足供应需求。生产制造环节不但需要统筹供应商满足原材料供应,还需要联系下游,按照规定时间生产完货物,生产制造环节是供应链中最关键的环节。

配送环节承载着整个供应链,是连接企业、下游客户以及提供运输服务的物流服务商的重要环节。它需要接受客户订单,并按照规定时间将正确数量和质量的产品送到客户手中。

退货流程记录了一系列与处理退货有关的活动,向供应商退货或接收从客户方的退货。其主要分为采购退货和配送退货。

### 7.2.3 SCOR 模型的分层结构及应用

SCOR 模型一般可分为三层:最高层、配置层和分解层。最高层定义了 SCOR 模型的范围和内容,描述了前面提到的五个流程要素,为企业实现目标奠定了基础。配置层是由供应链的核心过程构成,不同的企业选择配置层的定义来建立自己的供应链,并通过其特有的供应链配置实施运营战略。分解层细化了配置层的每个过程因素,为不同企业提供了可以重新规划和改进目标的信息。公司在第三层也就是流程分解层上对其运营战略进行调整。在第二层,执行流程包括了采购、生产、配送、退货,它们的衔接过程,以及它们各自对应的管理流程。第三层流程是在第二层的基础上进行模式分解。

由上面可知,跨国制造企业供应链的轮廓较为明显,以制造企业为核心,向上为全球性的原材料供应商,向下为全球性客户,其物流运输一般包给第三方的国际物流企业。跨国制造企业供应链涉及范围广,规模大,供应链风险识别困难,而利用 SCOR 模型可以把整个供应链的结构、组成和处理流程清晰地描述出来。基于 SCOR 模型,跨国制造企业供应链的最高层由计划、采购、生产、配送和退货五个要素来描述。而跨国制造企业供应链的配置层,制造企业大多按照订单进行供应链配置,基于订单配置,围绕上面五个要素展开各种活动。其包括供应链的外部环境、内部因素以及供应链成员之间的跨国合作因素。而分解层,通过对各个因素进一步分解,可以深入了解核心企业的内部风险因素,跨国性采购和国际化物流等特点可以很好地表现出来。

### 7.2.4 跨国制造企业供应链外部环境风险因素

企业作为一个独立的主体,不能脱离外部环境而存在,企业发展的好坏,就看它能不能取得环境变化与自身能力之间的动态平衡。对于跨国企业来说，与企业相关的环境因素大大增加，各种因素同时制约着企业的发展。

**（1）政治因素**

政治因素是指供应链外部政治形势变化，给外国投资企业经济利益带来不确定性，这会大大影响供应链的正常运营。在跨国制造企业活动中，一方面是由于节点企业社会冲突引发政治动荡，例如该区域发生罢工、骚乱、游行、恐怖活动等事件，对供应链活动进行干扰，使企业的经营受到损失，或者运输的货物途经该国遭到损害；另一方面，政府的干预或者政策的不规则波动，影响跨国企业间的合作，降低企业在该国的业务量，甚至导致企业无法在该国进行经营。

**（2）经济环境**

经济环境是指企业活动外部的社会经济状况。国内经济环境在"资管新规"出台背景之下，广大金融与类金融机构都在消化存量，社会融资规模受到影响。对于跨国制造企业来说，国际环境的影响更为严重。在全球经济的发展情况中，迅速发展的国际贸易，使得各国经济之间依赖程度越来越高，以及全球经济更加复杂化。在这样的环境下，各国企业联系越来越紧密，只要其中一个企业发生危机，供应链上其他企业必然受到影响。各国的经济制度不同，对供应链上的活动产生壁垒，阻碍经济的发展。金融市场的波动、债务危机、通货膨胀、大宗商品的价格高位震荡，这些为国际经济环境增添了不确定和不稳定因素。

**（3）自然环境**

自然环境风险主要指因自然界的暴雨、火灾、地震等自然因素的各种变化引起的风险，它们的发生都是不可控制的，都会引起非常规模性的破坏。这些因素给节点企业带来直接的利益损失，使得企业无法提供产品和服务，丧失持续经营的能力以及不能收回运营成本，同时给供应链管理增加难度。

## 7.2.5 跨国制造企业供应链内部风险因素

**（1）计划流程的风险因素识别**

计划是核心，提供了企业的指导方针。计划流程使用来自外部和内部运营的信息来平衡总需求和供应，对供应链资源进行优化配置，构建的流程如图7-2所示。首先要明确供应链的需求，而需求的来源包括市场需求预测、客户订单、物资需求以及供应链上下游的需求等。然后整合供应链的资源，供应链资源包括有形资源和无形资源，有形资源包括生产技术、客户数据、资金等，无形资源包括供应链管理模式、公司的文化等。根据公司的政策、质量管理、成本规划、库存管理以及供应链需求来平衡整个供应链的需求。最后根据前面的信息以及要求建立供应链计划。

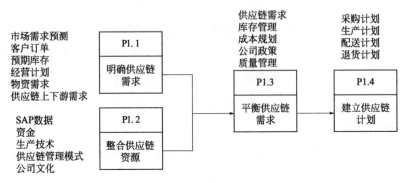

图 7-2 跨国制造企业计划流程要素

① 明确供应链需求。对于跨国制造企业来说，一方面，其客户群体遍布全球各地，消费者需求偏好不同，客户对商品与服务的需求也不同，能够准确预测市场需求的难度加大。另一方面，跨国制造企业大部分是基于客户订单生产，而通常情况下会出现应急客户订单和客户追加订货插单，这些会导致计划很难进行，使得计划偏高或者偏低。

SCR1：市场需求预测不准确导致供应链风险。

SCR2：客户订单中应急订单和插单导致供应链风险。

② 整合供应链资源。供应链管理包含了整个价值链过程，管理者的知识水平和能力、企业组织内部的分工以及企业的文化，对管理的效果和效率有直接影响。跨国企业供应链复杂而庞大，节点企业遍布全球各地，对管理者的能力要求更高，企业组织分工更加明确。核心企业的供应链管理中出现问题，会使得企业在激烈的国际竞争环境中失去有利地位，对整个供应链上的企业都有严重的影响。

SCR3：供应链管理出现问题导致供应链风险。

③ 平衡供应链需求。供应链库存管理是指将库存管理置于供应链之中，企业为了降低库存费用，有效控制库存资金占用比率，从供应链的整体角度，对库存进行最优控制，减少每个环节的耗费时间，使物料和产品在供应链上快速传递。供应链环节中企业只从自身的局部信息出发，单独决策，没有相互间的协调和配

合，这样容易造成上下游企业需求放大现象，难以实现供应链成本全局最优。另一方面，供应链的计划制订不完全适应公司政策容易造成货物积压，资金回笼困难，或者产生缺货现象，影响企业计划的制订。

**SCR4**：供应链库存控制管理缺乏系统性导致供应链风险。

**SCR5**：计划与公司政策不匹配导致供应链风险。

④ 建立供应链计划。生产计划依据销售订单和销售预测制订，把产品系列具体到每一个明细产品，确定每一阶段生产产品的品种、数量、质量和进度的计划。它是后面采购计划、配送计划的依据。企业在制订计划时，不考虑实际的生产能力，以物料需求为主导，一方面增加了企业的库存成本，给企业带来库存压力；另一方面，企业不考虑生产能力的话，当有些订单没法生产时，将会推后生产，那其他的订单也会往后推迟，造成订单的延期，企业将无法确定产品能否按时交货。

**SCR6**：生产计划不合理导致供应链风险。

**(2) 采购流程的风险因素识别**

对于跨国制造企业，首先生产部门提出采购需求，然后根据原材料仓库的库存信息确定采购需求。采购部门根据市场需求预测以及订单数据，对生产所需的原材料、零部件以及采购成本做出计划，以利于整个企业目标的达成。采购计划完成后，为了降低采购成本，满足市场需求，在采购过程中要正确选择供应商。当选定供应商后，和供应商进行谈判，正式签订采购合同。企业和供应商反复确认采购产品的种类、数量、质量和到货日期，实时跟踪采购产品情况。当供应商完成产品时，选择合适的运输方式，将产品送到企业。企业对产品进行接收，核对产品数量，检查产品质量。检验合格的产品放入原材料仓库。货物验收完成后，采购部门联系财务支付货款。其具体流程如图7-3所示。

① 采购需求。在确定采购需求时，受销售订单与预测需求的影响，需要与生产部门、销售部门、财务部门等进行详细的沟通交流，最后提出采购申请。在实际过程中，由于各部门缺少交流或交流不一致，常常会导致采购需求与实际不符，出现风险。

**SCR7**：采购需求不准确导致供应链风险。

② 供应商选择。在采购环节中，绝大多数的工作需要和供应商打交道，供应商的生产技术、管理水平以及地域都会对采购成本造成影响。对于跨国制造企业来说，按照原材料的地域不同，分为国内采购和跨国采购。国内采购可以节省大

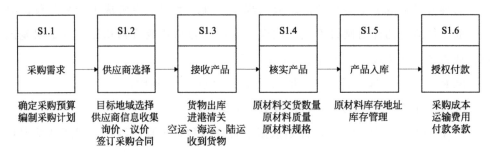

图 7-3 跨国制造企业采购流程要素

量运输费用和运输时间，但是涉及的原材料有限，目前很多原材料国内没有，技术水平还没达到，必须通过跨国采购。跨国采购原材料种类丰富，但是买卖双方不在一个国家，外国市场千变万化，很难把控，而且交易环节比国内采购要复杂得多。

**SCR8**：目标地域选择不当导致供应链风险。

**SCR9**：对外国市场不熟悉导致供应链风险。

**SCR10**：采购时机错误导致供应链风险。

在确定哪些原材料是国内采购、哪些原材料是跨国采购之后，需要对供应商的信息进行收集，了解供应商的基本情况，各方面是否符合企业标准。供应商是企业的外部资源，选择了正确的供应商将更好地响应市场，取得更高的经济效益。在实际情况中，供应商的数据都属于内部信息，不允许对外开放，收集渠道少，尤其对于跨国的供应商，需求的信息基本收集不到。

**SCR11**：无法获取准确供应商信息导致供应链风险。

有了合适的供应商之后，需要就原材料的价格进行谈判，各方面达成协议后签订采购合同，约定双方的责任与义务，通过采购合同来相互制约对方。供应商选择不当可能导致合同违约，签订合同的对方没有实际履行能力，导致采购合同不得不作废。另外，有些合同责任条款不明确，约束力不足，给合同执行造成各种隐患。

**SCR12**：采购合同不规范导致供应链风险。

③ 接收产品。供应商由于生产技术跟不上，或者运输方式选择不当，尤其对于跨国采购来说，周期长，环节复杂，而且存在其他不可控的因素，企业将无法在规定的时间内收到原材料，而企业因为有些产品缺少这个零件不得不推后生产，影响企业生产进度。

SCR13：原材料交货延迟导致供应链风险。

④ 核实产品。供应商质量把控不严，或者各国对产品规格和质量的标准不一样，导致采购的产品无法使用，只能报废处理。对于跨国采购来说，采购周期长，距离远，一旦出现质量问题，企业处理起来非常麻烦。

SCR14：原材料质量不合格导致供应链风险。

⑤ 产品入库。制造企业的原材料仓库有两种情况，一种和企业在一块，建设在企业内部，另外一种为了便于运输，建立在交通方便的地点，和企业有一定距离。原材料仓库的位置选择不当，没有考虑到企业供应商的分布以及未来的发展，将会降低原材料供应的反应速度，使得综合运输距离变长。

SCR15：原材料仓库地址选择不当导致供应链风险。

库存是指处于存储状态以备将来使用的物品，贸易企业的库存更多是为了销售的需要，而制造企业的库存则是为了维持生产的连续性，对到货时间要求严格，因此制造企业更应该时刻关注库存量。原材料库存过高将占用企业的资金，使企业无法将这部分资金投入其他项目，而且会增加月末盘点的难度，使得盘点数据不准确。

SCR16：原材料库存过高导致供应链风险。

⑥ 授权付款。采购成本在企业资金中占有很大一部分比重，随着各国经济环境、国家政策等因素的变化，采购物资价格也发生变动，企业要不停与供应商签订新的合约，弥补因物资价格变化产生的价差。

SCR17：采购价格变动导致供应链风险。

很多企业都不大重视采购付款的规范。一方面，按照合同来付款，没有详细具体的制度来规范付款流程，财务部付款了，但采购部并不知道，付款缺乏有效的核对过程，未形成付款控制体系。另一方面，在原材料采购中，有些要求有预付款项，这可能存在付款了但是货物没来，给企业带来经济方面的损失。

SCR18：付款交易不规范导致供应链风险。

**(3) 生产流程的风险因素识别**

生产制造环节不但需要统筹供应商满足原材料供应，还需要联系下游，按照规定时间生产完货物。生产部门接到订单后，按产能情况、订单数量和交期确定生产计划，安排生产活动。根据库存材料情况，填写材料申请交给采购部门，批准后发放原材料。生产部门依据生产计划进行产品生产，产品生产完成后交给质检部门检验，合格品进行包装，不合格品进行返修或者报废处理。包装完成后放入暂存区,等待发货指令。其具体流程如图 7-4 所示。

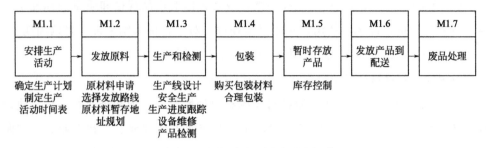

图 7-4 跨国制造企业生产流程要素

① 安排生产活动。生产计划员在安排生产活动时,由于一些产品原材料缺失,而把后面的订单提前,或者大批量生产价格更高的产品,这样会造成客户需要的产品还没生产,不着急要的产品却在仓库堆积。

**SCR19**:生产活动不合理导致供应链风险。

② 生产和检测。生产线是制造企业的核心所在,它是将生产组织方式和生产对象搭配在一起,有序生产各种产品,提高企业的生产效率。在设计生产线时,需要充分考虑产品的投入顺序、节拍时间、工作场地的面积大小、如何布置以及机器如何排列。同时加上资金和人才的考虑,这一系列过程会使得生产线设计周期过长,增加了企业的运营成本。现代企业已经向机械化和智能化发展,设备的选择和管理、生产技术的使用,都对企业生产效率、产品质量以及生产成本产生重要影响。设备选择错误或者技术不成熟,一方面使得企业生产无法正常进行;另一方面,产品质量下降,次品率升高,降低了企业经济利益。

**SCR20**:生产线设计时间过长导致供应链风险。

**SCR21**:生产设备不能满足生产需求导致供应链风险。

**SCR22**:生产工艺制定不当导致供应链风险。

**SCR23**:生产技术不成熟导致供应链风险。

**SCR24**:产能不足导致供应链风险。

对于生产制造环节,即使现在很多企业已实现自动化生产,但也需要大量人员的参与。在现实生产活动中,很多操作人员的风险意识不足,个别人为了省事,不穿工作服,自我保护能力差,安全意识淡薄。另外,有些操作人员在生产作业中图便利,不按规定作业,或者操作技术水平不达标使得产品质量不合格,这些都可能导致生产现场风险事故的发生。

**SCR25**：生产人员安全意识淡薄导致供应链风险。

**SCR26**：生产人员技术水平不达标导致供应链风险。

产品生产完后需要送到质检部门检验。在生产过程中，设备故障可能导致产品质量异常，生产人员操作不当可能导致出现大量次品，另外原材料在放置过程中遭到损坏却依然投入使用，这些使得产品出现质量风险。因不合格产品的不断返工而引起的不能够按时完成生产任务造成的企业罚款，或者不合格产品流通到市场，客户使用发生事故，使得企业信用降低，产生不好的名誉。

**SCR27**：产品质量不合格导致供应链风险。

③ 产品暂存。产品生产完后，需要对库存进行管理，优化物资储备，以便企业能够在正确的时间、正确的地点拥有正确数量的库存，有利于调节供需平衡，快速提供货物。库存是供应链中不可缺少的一部分，库存过多，会占用企业资金、仓库面积，而且容易积压而导致产品变形；而库存过少，当客户需要某种产品时，不能及时做出回应。随着订单周期的缩短，库存占用流动资金过大，消减困难，会导致产品流通不畅，减少企业利润。

**SCR28**：产品库存不合理导致供应链风险。

**(4) 配送流程的风险因素识别**

配送环节，是连接上游、第三方物流服务商以及下游客户的重要环节。它需要接受客户订单，并按照规定时间将产品按时按量送到客户手中。首先客户会询价，企业与客户达成协议签订合约。企业接收、整理、输入和确认订单，工作人员查看库存并确认交期。然后和客户沟通交流，选择合理的运输方式，并确认运输费用谁来承担。选择合适的货代，提交报关材料。然后根据发货通知将货物发出，客户接收核验产品后进行付款。具体流程如图7-5所示。

① 选择运输模式。企业会根据以往综合数据分析计算出最优的运输路线和安排最优的运输工具，但在实际过程中，这样的选择较少，大多数是凭借平常的经验来选择运输工具和路线。客户着急要的订单要优先考虑空运，剩余的订单一般根据交货时间长短选择海运或者火车。运输工具的不确定性可能导致货物不能按时到达，或者在路途中遭到破损，对货物造成不良影响。这样使得客户对企业失去信任，在产品一直未到的情况下选择退货，购买其他企业的产品。

**SCR29**：运输模式不适合导致供应链风险。

**SCR30**：产品延迟导致供应链风险。

② 选择运输商和估计运输价格。对于跨国制造企业，很多产品都需要配送到

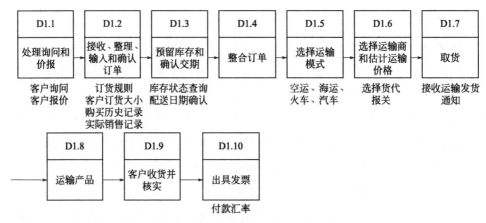

图 7-5　跨国制造企业配送流程要素

国外。企业会根据产品特性和自身的业务选择合适的运输商，将产品通过海关送至境外，再由其他的物流商将产品送到消费者手中。在这个复杂的运作过程中，涉及物流商的主体过多，环节过多，流程复杂，这使得供应链风险成倍增长。

**SCR31**：多物流商导致供应链风险。

另外，与传统企业相比，跨国制造企业多了海关通关的风险，所有出入国的商品必须通过海关的检查和收税等环节。海关的检查效率、商检水平都会影响报关效率，产品一旦被搁置，将会影响产品送达效率。产品在报关过程中，产品的性质、数量和质量都会被查验，有可能涉及知识产权泄露等危险。

**SCR32**：海关通关效率低导致供应链风险。

③ 出具发票。客户收到产品后进行付款，在付款时涉及以哪个国家的币种来进行付款。如果以国外币种进行付款的话，需要与本国币种进行兑换。这时，汇率发生变化，会使得实际多收或者少收货币。同样，企业在进行跨国交易时，由于汇率在签订合同和付款结算这两个时期之间发生了变动，给跨国企业的交易活动带来不确定性，可能使企业正常活动面临损失，对企业的资产和未来收益产生影响，进而影响企业的信用等级。

**SCR33**：汇率变化导致供应链风险。

**(5) 退货流程的风险因素识别**

退货是产品出现质量问题或者配送途中出现损坏而产生的退换货行为，包括原材料质量不合格退回给供应商和不合格产品被客户退回。对于原材料退回给供应商的情况，识别出不合格品，和供应商协商对不合格品进行处理。对于产品不合格被客户退回的情况，根据担保索赔、产品退回、不合格品或其他政策决定次品的退货接收和处置，具体流程如图 7-6 所示。

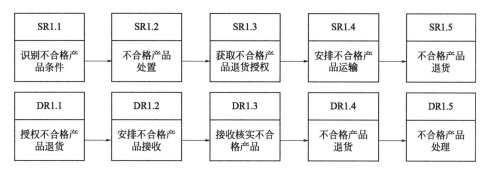

图 7-6　跨国制造企业退货流程要素

无论是原材料退回还是产品退回，都需要消耗大量的人力来处理退货问题，而且货物在退回过程中，增加了重复运输，造成运输费用的浪费。退货一旦发生，可能会扰乱生产计划，影响目前产品的生产，增加企业的退货库存，不利于资金的有效流动。

**SCR34**：退货过程中重复运输导致供应链的风险。

产品由于各种因素会产生被退回的现象，企业如果存在过多的产品退回现象，会降低客户对企业的信任，影响企业的形象，同时给企业带来经营风险。这时，企业对于被退回产品的处理方式也很重要，如果没有采取正确的措施积极处理退货问题，就会致使客户产生不满情绪，产生一定的法律纠纷，给企业带来不好的影响。

**SCR35**：过多产品被退回导致供应链风险。

**SCR36**：退货策略不当导致供应链风险。

## 7.2.6　跨国制造企业供应链合作风险

供应链的正常运转建立在各企业良好合作的基础上，使得从原材料供应开始，到产品生产，再到产品销售，最后到客户手中的整个过程能形成一个整体，相互协调。随着市场规模、资源条件、客户需求、竞争态势等因素的变化，供应链间的合作关系也在发生着变化，甚至在一定条件下可能破裂。合作关系一旦发生破裂会危及整个供应链，进而造成一系列连锁反应，并且在一定条件下会使得供应链中断，给所有企业造成很大的损失。随着市场规模、客户需求、国家政策的变化，节点企业之间不断地进行物资、信息交流，供应链间的合作关系也在发生变化。

**(1) 道德风险**

由于信息在当事人之间的不对等、不相同，就可能存在一方拥有更多更准确的信息从而逃避责任，而另一方拥有更少的信息，却要承担更多责任的情况出现，造成双方目标和利益不一致。而且企业相互之间本来也有竞争关系，都希望自己的利益最大化，当企业为了追求最大利益而采取了一些不利于其他企业的行为，就会导致合作关系破裂。

**(2) 利益分配风险**

供应链中的企业为了利用共享的资源来追求更高的利益而形成一个整体，这种交易合作关系是靠利益来维持和驱动的。供应链对各个企业进行利益分配时，没有保证公平公正，造成分配不合理，某些企业觉得自己没有产生足够多的利润，损害了对企业合作的信任和信心，降低了忠诚度，甚至可能选择退出合作，另做选择。

**(3) 文化差异风险**

在供应链中，每个企业在价值观、企业目标、道德标准等方面存在差异，当进行合作交流时容易产生冲突。尤其对于跨国制造企业来说，其供应商和客户来自全球各地，不同国家的社会文化存在差异，语言、行为习惯及信息理解上的沟通存在障碍。成员企业如果不采取积极的方式来化解这种矛盾，一味地以自我的参照标准来思考和判断，容易使得矛盾更大，引发纠纷。企业文化间的差异，使得企业对目标和利益的理解不同，对供应链的理念认识不同，难以达成共识，对企业合作形成障碍。

# 7.3 基于 BP 神经网络的跨国制造企业供应链风险评估

## 7.3.1 BP 神经网络

**(1) 人工神经网络**

人工神经网络起源于生物学，主要是模拟生物神经细胞对外部感知信息进行处理、记忆、学习等，用类似的神经元模拟生物细胞产生、处理和传递信号。人工神经网络往往由多个神经元组成，它们按照一定的规则条件连接成网络，并且各个神经元之间的连接权值按照一定规则变化，其基本模型如图 7-7 所示。

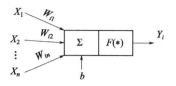

图 7-7 人工神经元模型

图中，$X_1$、$X_2$、$\cdots$、$X_n$ 代表输入，$W_{i1}$、$W_{i2}$、$\cdots$、$W_{in}$ 代表分别输入的权值，也就是连接的强度（类比突触），$b$ 是神经元的偏置，它们的加权和为神经元的输入函数，通常成为净输入 $net$。$F(*)$ 为传输函数，$y_i$ 即为神经元的输出，也就是模拟了生物神经元的轴突信号。净输入 $net$ 和输出的公式如下

$$net_i = \sum_{j=1}^{n} W_{ij} X_j + b \tag{7-1}$$

$$Y_i = F(net_i) \tag{7-2}$$

**(2) BP 神经网络**

简单的单层感知机无法处理非线性问题，这是感知机使用的巨大局限性。为了克服这类问题，一种新的方法——多层感知机被提出。1974 年，研究人员提出了一种适合多层感知机的学习算法——BP 学习算法。多层感知机与 BP 学习算法的结合，构成了目前使用最为广泛的一种神经网络结构——BP 神经网络。BP 神经网络中 BP（Back Propagation）是一种训练方法，指的是误差的反向传播，而 BP 神经网络本身是前馈式、有导师的神经网络。

BP 神经网络包括两个阶段：

① 设置好初始的参数，在系统中输入初始样本，样本从输入层到隐含层，再到输出层，从前到后传播计算。

② 如果神经网络的实际输出与期望输出是一致的，那么可以认为该神经网络已经可以正常工作了；反之，则需要根据期望输出与实际输出之间的误差来调整网络的各项权值。误差要通过最后一层网络逐层向前传播，用于调整各层的权值连接。

BP 神经网络是多层网络结构，其本身输出由前往后传播，是大家最为熟知也应用最多的神经网络模型之一。其区别于其他神经网络的是，在学习过程中，误差会逆向传播，不断修正权值。BP 神经网络是由若干层神经元组成的多层感知机结构，一般由输入层、隐含层和输出层组成，每一层拥有一个或多个神经元，各层进行连接。最开始的输入层负责接收外界的输入信息，中间隐含层根据信息变

化需求处理内部信息，经过处理的信息结果最终由输出层传输到外界。根据不断试验和总结，发现 3 层的网络结构能解决大部分问题，因此，在深度学习之前隐含层层数为 1，即通常使用的 BP 神经网络为 3 层结构。BP 神经网络模型如图 7-8 所示。

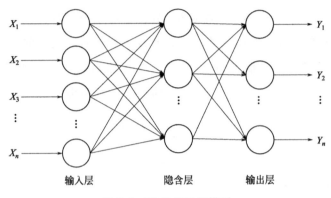

图 7-8　BP 神经网络模型

## 7.3.2　BP 神经网络用于评估供应链风险的可行性分析

BP 神经网络能够模拟人的大脑，对数据进行反复学习，并且能够在学习的过程中通过误差的逆向传播不断调整权值，得出非线性模型。它有很强的学习处理能力，与传统评估方法不一样的是，BP 神经网络不断调整的权值表示信息的不断更新，可以使评估过程更为准确。供应链是复杂的非线性系统，供应链风险包含了很多复杂因素，这些风险因素引起的变化往往是非线性的，BP 神经网络能够很好地解决这类问题。

① BP 神经网络有非常强的自学习和自适应能力，它能对专家的评价结果进行学习，并将自适应学习的"评价规则"记忆于网络的权值中，这样可以减少人的主观性因素对评价造成的影响，同时将人的评价思想和数学模型建立起来。

② BP 神经网络能够不断地对新的样本进行学习，不断地改进自身的评价方法，其权值不断更新的过程即为不断调整的过程，可以消除由于指标间的相关性而导致的评价信息重复的问题。

## 7.3.3 BP 神经网络模型的应用

设神经网络的输入：$X_1$，$X_2$，$X_3$，$\cdots$，$X_n$，中间隐含层净输入：$hi_1$，$hi_2$，$hi_3$，$\cdots$，$hi_p$，中间隐含层输出：$ho_1$，$ho_2$，$ho_3$，$\cdots$，$ho_p$，输出层净输入：$ai_1$，$ai_2$，$ai_3$，$\cdots$，$ai_q$，输出层输出：$ao_1$，$ao_2$，$ao_3$，$\cdots$，$ao_q$，期望输出：$t_1$，$t_2$，$t_3$，$\cdots$，$t_q$，输入层到中间隐层的权值：$W_{ih}$，中间隐层到输出层的权值：$W_{ha}$，传输函数为 $f$。

在以上基本信息的基础上，可以得到每一个输出结果的误差为 $t_i - ao_i$。

神经网络的均方误差为

$$e = \frac{1}{2} \sum_{i=1}^{i=q} (t_i - ao_i)^2 \tag{7-3}$$

则根据误差逐层向前传播，输出层到隐含层的误差为

$$\delta_a = \frac{\partial e}{\partial ai_a} = -(t_a - ao_a) \ f'(ai_a) \tag{7-4}$$

中间隐含层到输入层的误差为

$$\delta_h = \frac{\partial e}{\partial hi_h} = \Big( \sum_{i=q}^{i=q} \delta_i w_{hi} \Big) f'(hi_h) \tag{7-5}$$

根据最快下降法，要修正的权值就是 $e$ 对 $w$ 的偏导数

$$\Delta w = -\eta \frac{\partial e}{\partial w} \tag{7-6}$$

中间层到输出层权值变化根据式（7-6）可以求得

$$\Delta w_{ha} = -\eta \frac{\partial e}{\partial w_{ha}} = -\eta \delta_a ho_h = \eta \ (t_a - ao_a) \ f'(ai_a) \ ho_h \tag{7-7}$$

输入层到中间隐层的权值变化为

$$\Delta w_{ih} = -\eta \frac{\partial e}{\partial w_{ia}} = -\eta \frac{\partial e}{\partial hi_h} \times \frac{\partial hi_h}{\partial w_{ih}} = \eta \delta_h x_i = \eta \Big( \sum_{i=1}^{i=q} \delta_i w_{hi} \Big) f'(hi_h) x_i \tag{7-8}$$

然后再用原始数据输入，使用修正后的权值，得出结果与期望结果进行对比，如果有误差，再进行修正，直到实际输出与期望输出误差小于一定范围，则认为该神经网络可以正常工作。

在本章的研究中，其运用步骤如下：

① 根据研究的跨国制造企业供应链风险问题，选择好指标集，并确定训练集和测试集。

② 确定 BP 神经网络的层数，输入层、隐含层和输出层的节点数。

③ 明确期望输出结果。

④ 初始化网络及设置激活函数。

⑤ 对样本进行训练，直到满足学习要求。

⑥ 按照设置的训练模式进行，从输入到隐含层，再到输出层，计算神经网络的输出结果，并与期望值相比较，如果误差满足要求，则停止；如果不满足要求，则误差由输出层向前往隐含层，再到输入层传播，不断修正权值，如此反复，直到误差满足要求。

神经网络学习过程的实现是通过数据来完成的，其分为训练数据和测试数据，训练的数据用于神经网络的学习过程，而测试数据用来验证模型的准确性。最终反映 BP 神经网络学习的指标是网络的均方根误差，一般认为当 BP 神经网络的均方根误差值低于 0.1 的时候，表示对于给定的样本进行训练学习的结果已经满足要求了。

### 7.3.4　BP 神经网络的供应链风险评价模型的建立

**(1) 网络层数的确定**

BP 神经网络很大程度上依赖于其内部的网络结构，不同的外界信息由输入层输入，其都是要经过内部网络结构进行处理，再由输出层输出。而网络结构相当于一个衔接的过程，并且不同的网络结构处理信息的能力也不同。网络结构越复杂，其处理问题能力也就越强，但是其学习过程时间也会相对较长。目前的研究已经证明，在不限制隐含层节点数的情况下，只需要一个隐含层就能解决生活中的大部分问题。本章只研究跨国制造企业供应链风险的情况，所研究的问题并不是很复杂，因此，本章采用三层的 BP 神经网络就能满足需求。

**(2) 确定各层神经元数目**

① 确定输入层节点数。输入层对应的输入节点为第 3 章所分析跨国制造企业供应链风险因素个数，包括：政治形势变化风险、国内外经济环境变化、自然环境变化、市场需求预测不准确、客户订单中的应急订单和加急订单、供应链管理出现问题、供应链库存控制管理缺乏系统性、供应链的计划制订不完全适应公

司政策、生产计划不合理、采购需求不准确、供应商地域选择不当、对外国市场不熟悉、采购时机错误、无法获取准确的供应商信息、采购合同不规范、原材料交货延迟、原材料质量不合格、原材料仓库地址选择不当、原材料库存过高、采购价格变动、原材料付款交易不规范、生产线设计周期过长、生产设备不能满足生产需求、生产工艺制定不当、生产技术不成熟、生产能力弹性不足、生产人员安全意识淡薄、生产人员技术水平不达标、产品质量不合格、产品库存不合理、运输模式不适应、多物流商、产品延迟、海关通关效率低、汇率变化、退货过程中重复运输和无效成本、过多产品被退回、退货策略不当、供应链合作道德风险、供应链合作利益分配风险、供应链合作文化差异风险，共42个供应链风险因素。

② 隐含层节点数量。隐含层表示神经网络中输入模式到输出模式的映射，在本章的供应链风险研究问题中，不需要无限个隐含层节点，因此，需要选择隐含层节点数。隐含层节点数一方面决定了学习时长，一方面决定了函数的收敛程度，隐含层节点数太多导致学习时间过长，而隐含层节点数太少，容错性差，所以不能过多也不能过少，综合考虑各方面因素。目前，隐含层节点数一般根据之前的经验并通过试验获得。在前人经验中，大部分根据输入层和输出层的节点数来确定隐含层的节点数，应用比较多的有以下几个公式

$$l=\sqrt{m+n}+a \tag{7-9}$$

$$l=\log_2 m \tag{7-10}$$

$$l=\sqrt{mn} \tag{7-11}$$

式中，$l$ 为所求的隐含层节点数；$m$ 为输入层节点数；$n$ 为输出层节点数；$a$ 的取值范围为1~10。以上公式中，式（7-9）适用性比较广，也得到比较多认可，本章采用该公式初步测算隐含层节点数。

③ 输出节点数量。BP神经网络的输出层表示经过处理的输出结果，由输出层传到外界，更多取决于所需输出结果的形式，并且和期望值相对应。在本章中，跨国制造企业供应链风险评估能得出一个综合结果，期望输出值也是单个数值，所以本章中BP神经网络输出层的节点数为1。

**(3) 选取激活函数**

激活函数直接决定了神经元的输出值，对于整个神经元来说至关重要，选择不同的神经元将使得神经网络具有不同的特性。一般来说，常用的激活函数如表

7-1 所示。S（Sigmoid）型激励函数可微、计算简单且非线性映射能力强。Sigmoid 函数分为 logsig 和 tansig，其中 logsig 函数的输出值为 0~1，tansig 函数输出值为 $-1$~1，在本章中选用 logsig 函数。为了可以使网络的输出可以取任意值，本章在使用 logsig 函数的基础上，最后一层设置为 Pureline 函数。

表 7-1 常用传输函数

| 函数名称 | 映射关系 |
| --- | --- |
| 线性函数 | $f(x)=kx+c$ |
| 阈值函数 | $f(x)=\begin{cases}1, x \geqslant c \\ 0, x < c\end{cases}$ |
| 分段函数 | $f(x)=\begin{cases}T, x>c \\ kx, \lvert x \rvert \leqslant c \\ -T, x<-c\end{cases}$ |
| S 型函数（Sigmoid） | $f(x)=\dfrac{1}{1+e^{-ax}}(0<f(x)<1)$ |

注：$k$，$\alpha$ 为激活系数；$T$ 为常数。

## 7.4 跨境供应链风险管理案例解析

### 7.4.1 A 公司的基本情况介绍

A 公司成立于 1995 年，是著名的液压产品制造公司，其产品都是由自己研发制造，其工厂面积约 8.2 万平方米，工作人员近四千人，整个厂区投资额 15 亿人民币。近年来，A 公司致力于搭建工厂级的物联平台，不断提升技术水平，综合实力不断加强。在过去几年里，A 公司一直保持订单额 3.7% 的平稳增长，剔除汇率影响，订单额增长高达 6.3%。多年来，A 公司以高端的技术、优良的品质、专业的售后支持，服务于国内外多个项目。同时，该公司生产的产品通过了 ISO 9001 质量体系认证，并连年通过检查。A 公司实时进行自身调整，以应对市场的持续震荡，不断给客户提供一流的服务。

A 公司致力于为各类大型机械设备提供安全可靠的液压产品，在农业机械、工程机械、汽车制造、食品包装等诸多行业分支应用广泛，其中各类产品元件还涉及水利工程、船舶及港口运输机械和机械工具等多个服务领域。A 公司的产品主要包括四个大类，分别为 TU、PM、MC 和 CC。其中，TU 代表各类减速机产品；PM 代表各类液压马达产品；MC 代表各类液压泵和液压阀产品；CC 代表液压元器件。A 公司生产所需物料种类繁多，共分为 25 个大类，8 万多种，一部分采购原材料由自己进行加工，另一部分通过直接采购零件。A 公司的供应商有两百多家，主要来自国外。A 公司客户遍布全球 80 多个国家，分布于世界各地。其凭借着产品物美价廉、供货期快、服务优良等优势，已与国内外众多分销商、生产配套厂、液压系统使用客户，建立了长期供货及信任关系。

## 7.4.2 A 公司的经营范围和基本情况

A 公司要生产具有国际领先技术的行星减速机、液压马达、液压泵、液压阀和行走机械控制单元。2018 年，A 公司营业额达到 24.6 亿元，各类产品的营业额占比情况如图 7-9 所示。

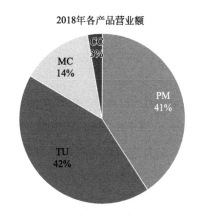

图 7-9　2018 年 A 公司各产品营业额

## 7.4.3 A 公司的供应链分析

(1) 计划

A 公司首先要有经营计划，确定未来期望达成的目标以及达成目标所需采取的经营策略，这是建立在市场分析和市场预测基础上的。然后是销售与运作计划，

A公司规定了每个月需生产多少产品以及每个月每种产品销售额得达到多少才能满足需求。然后利用销售与运作计划制作平衡的生产计划以及采购计划，均衡地利用资源，保持生产稳定。

**（2）采购**

A公司目前采取零部件全球采购的模式，主要从德国、土耳其、印度、日本等十几个国家采购各种生产备用零件。A公司的所有采购流程都是借助于SAP系统实现的。采购需求主要来自根据客户订单安排的生产计划，还有一部分是来自对市场需求的预测，提前对原材料进行准备。A公司有12个原材料储备区加一个外库，零件由原材料仓库人员接收并检验，合格后入库。

**（3）生产**

A公司主要生产减速机、液压马达、液压泵、液压阀以及液压元件，其产品服务于汽车、食品包装、农产品机械等各个行业。公司生产线分为大线、小线、迷你线和回转线，每条流水线生产不同的产品，有的会交叉进行。生产计划员根据SAP里的订单情况，结合仓库内已有的物料情况，安排生产计划。生产员工接到生产计划后分别送到不同的生产线，各条生产线依据生产计划进行生产，安排各类生产活动。产品生产完后需要测试和质量检查。检查合格后送到暂存区等待下一步处理。

**（4）配送**

A公司每年收到来自全球各地的订单，欧洲主要有德国、英国、土耳其和俄罗斯，北美洲主要有加拿大和美国，南美洲有巴西，亚洲主要有日本、韩国、印度、马来西亚和泰国，大洋洲主要是澳大利亚。订单到达后将订单导入SAP系统，然后负责每个产品的工作人员将订单进行处理，把属于自己部门的订单分类出来，让物料计划员进行确认。当产品生产完检验合格后，与客户沟通交流，确认运输方式。A公司一般有空运、铁路运输和海运。空运是运到北京机场，再由机场发往国外，有两种模式：a模式运输时间在一个星期内；b模式运输时间在两个星期内；铁路运输是运到北京的火车站，然后由火车进行跨境运输，周期在45天左右；海运是先运送到天津港，再由天津港运往国外，周期在56天左右。

**（5）退货**

A公司的退货包括原材料退货和客户产品退货。原材料仓库人员检查原材料质量不合格后，由物料计划员与供应商进行协商，确认原材料返修还是报废处理，以及新的原材料什么时候能到。客户进行产品退货，首先会下达退货邮件材料，附上产品质量检查报告和照片，A公司工作人员接收到后分析原因并积极处理退货问题。

## 7.4.4 A公司供应链风险调研方案的设计与实施

**(1) 供应链风险因素构成**

由7.2节分析可知，跨国制造企业有如表7-2所示的风险因素。

表7-2 跨国制造企业风险因素

| | | |
|---|---|---|
| 供应链外部环境 | | 政治形势变化风险 |
| | | 国内外经济环境变化 |
| | | 自然环境变化 |
| 供应链内部风险 | 计划 | 市场需求预测不准确 |
| | | 客户订单中的应急订单和加急订单 |
| | | 供应链管理出现问题 |
| | | 供应链库存控制管理缺乏系统性 |
| | | 供应链的计划制订不完全适应公司政策 |
| | | 生产计划不合理 |
| 供应链内部风险 | 采购 | 采购需求不准确 |
| | | 供应商地域选择不当 |
| | | 对外国市场不熟悉 |
| | | 采购时机错误 |
| | | 无法获取准确的供应商信息 |
| | | 采购合同不规范 |
| | | 原材料交货延迟 |
| | | 原材料质量不合格 |
| | | 原材料仓库地址选择不当 |
| | | 原材料库存过高 |
| | | 采购价格变动 |
| | | 原材料付款交易不规范 |

续表

| | | |
|---|---|---|
| 供应链内部风险 | 生产 | 生产活动不合理 |
| | | 生产线设计周期过长 |
| | | 生产设备不能满足生产需求 |
| | | 生产工艺制订不当 |
| | | 生产技术不成熟 |
| | | 生产能力弹性不足 |
| | | 生产人员安全意识淡薄 |
| | | 生产人员技术水平不达标 |
| | | 产品质量不合格 |
| | | 产品库存不合理 |
| | 配送 | 运输模式不适应 |
| | | 多物流商 |
| | | 产品延迟 |
| | | 海关通关效率低 |
| | | 汇率变化 |
| | 退货 | 退货过程中重复运输和无效成本 |
| | | 过多产品被退回 |
| | | 退货策略不当 |
| 供应链合作 | | 供应链合作道德风险 |
| | | 供应链合作利益分配风险 |
| | | 供应链合作文化差异风险 |

(2) 问卷设计

通过对 A 公司供应链各部门主要管理人员的调查问卷来获取第一手分析资料。调查问卷（详见附录）由两部分组成：首先是公司对供应链风险的认知与管理情况，然后是被调查者针对 A 公司供应链风险因素分析评分，各因素的级别被划分为 5 个等级，数字越大，风险等级越高，其中，1 表示供应链风险很低，2 表示供应链风险较低，……，5 表示供应链风险很高。

**(3) 数据收集**

对 A 公司发放问卷 150 份，回收 134 份，将 134 份问卷进行进一步筛查，留下 120 份作为样本数据。对于 A 公司的供应链风险认识了解到，A 公司 30.28% 的人认为供应链风险对公司影响严重，57.21% 的人认为供应链风险对公司影响一般。对于公司是否进行供应链风险管理方面，8.2% 的人认为公司全面进行过，60.21% 的人认为公司局部进行过供应链风险管理。从分析可知，A 公司的供应链风险影响还是比较严重，但公司却很少进行供应链风险的管理，该项还未引起公司的足够重视。

**(4) 数据的初步处理**

由于分析的指标过多，而且各指标之间可能存在较强的相关性，这种相关性会对后面指标的评估产生干扰，造成评估结果的不准确，影响最后的决策结果。本章采用 SPSS 中的因子分析法对数据进行预处理，筛选出符合要求的指标。

① KMO 和巴特利特球形检验。在进行因子分析之前，要进行 KMO（Kaiser-Meyer-Olkin）检验和巴特利特球形检验（Bartlett Test of Sphericity），这两个是检验数据是否有关联性，关联性达到一定程度才能做因子分析。本章数据如表 7-3 所示，其检验值达到 0.825，大于 0.7，适合做因子分析。

表 7-3　KMO 和巴特利特球形检验

| | | |
|---|---|---|
| KMO 检验 | | 0.825 |
| 巴特利特球形检验 | Approx. Chi-Square | 3370.607 |
| | df | 903 |
| | Sig. | 0.000 |

② 旋转后的因子载荷矩阵。将问卷进行因子分析后，得到旋转后的因子载荷矩阵（见表 7-4），由于分析的变量过多，加上数据有一定差距，所以得出的因子数量有点多。

表 7-4　因子载荷矩阵

| 风险因素 | 因子 | | | | | |
|---|---|---|---|---|---|---|
| | 1 | 2 | 3 | 4 | 5 | 6 |
| 政治形势变化 | 0.121 | 0.553 | 0.406 | −0.037 | 0.161 | −0.123 |
| 国内外经济环境变化 | −0.212 | 0.781 | 0.389 | 0.136 | 0.301 | 0.128 |
| 自然环境变化 | −0.280 | 0.444 | 0.316 | −0.025 | 0.114 | 0.015 |

续表

| 风险因素 | 因子 | | | | | |
|---|---|---|---|---|---|---|
| | 1 | 2 | 3 | 4 | 5 | 6 |
| 市场需求预测不准确 | 0.754 | 0.214 | 0.261 | 0.210 | 0.180 | 0.098 |
| 客户订单中应急订单和加急订单 | 0.534 | 0.465 | −0.294 | 0.202 | 0.151 | 0.251 |
| 企业对供应链上下游企业供应链需求量理解错误 | 0.589 | 0.154 | 0.129 | 0.195 | 0.061 | −0.013 |
| 供应链管理模式不对 | 0.061 | 0.081 | 0.142 | −0.011 | 0.068 | −0.003 |
| 供应链库存控制管理缺乏系统性 | 0.036 | 0.105 | 0.136 | 0.127 | 0.036 | 0.020 |
| 供应链的计划制订不完全适应公司政策 | −0.096 | 0.372 | 0.370 | 0.108 | 0.301 | 0.096 |
| 生产计划不合理 | 0.633 | 0.421 | 0.127 | 0.293 | 0.141 | 0.182 |
| 采购需求不准确 | 0.501 | 0.337 | 0.112 | 0.279 | 0.072 | 0.348 |
| 供应商地域选择不当 | −0.058 | −0.018 | −0.045 | −0.011 | −0.436 | −0.025 |
| 对外国市场不熟悉 | 0.061 | −0.105 | −0.158 | −0.064 | −0.086 | −0.087 |
| 采购时机错误 | 0.162 | 0.295 | 0.348 | 0.361 | −0.015 | 0.386 |
| 无法获取准确的供应商信息 | 0.224 | 0.091 | −0.055 | 0.780 | 0.013 | −0.068 |
| 采购合同不规范 | 0.089 | 0.269 | 0.393 | 0.622 | 0.068 | 0.152 |
| 原材料交货延迟 | 0.028 | 0.248 | 0.051 | 0.777 | 0.023 | 0.084 |
| 原材料质量不合格 | 0.037 | 0.070 | 0.272 | 0.718 | 0.039 | 0.008 |
| 原材料仓库地址选择不当 | 0.036 | 0.033 | 0.134 | 0.415 | −0.117 | −0.037 |
| 原材料库存过高 | 0.096 | 0.257 | 0.116 | 0.537 | 0.262 | 0.201 |
| 采购价格变动 | −0.117 | 0.690 | 0.162 | 0.156 | 0.236 | 0.092 |
| 付款交易不规范 | −0.072 | 0.062 | −0.052 | 0.625 | 0.221 | 0.103 |
| 生产活动不合理 | 0.061 | −0.064 | −0.218 | 0.154 | 0.621 | −0.220 |
| 生产线设计周期过长 | 0.221 | −0.203 | −0.006 | 0.046 | 0.313 | −0.252 |
| 生产设备不能满足生产需求 | 0.052 | 0.337 | 0.136 | 0.473 | 0.528 | 0.118 |
| 生产工艺制订不当 | 0.011 | 0.027 | 0.438 | 0.359 | 0.134 | 0.462 |
| 生产技术不成熟 | −0.051 | −0.050 | 0.165 | 0.054 | −0.105 | 0.048 |
| 生产能力弹性不足 | −0.137 | 0.099 | −0.002 | 0.075 | 0.098 | 0.096 |
| 生产人员安全意识淡薄 | 0.099 | 0.114 | 0.143 | −0.150 | 0.040 | 0.109 |
| 生产人员技术水平不达标 | −0.002 | −0.097 | 0.259 | 0.070 | −0.163 | 0.268 |
| 产品质量不合格 | 0.009 | 0.050 | 0.427 | 0.156 | 0.524 | 0.077 |

续表

| 风险因素 | 因子 | | | | | |
|---|---|---|---|---|---|---|
| | 1 | 2 | 3 | 4 | 5 | 6 |
| 产品库存不合理 | 0.405 | 0.120 | 0.040 | 0.057 | 0.020 | 0.065 |
| 运输模式不适应 | 0.006 | 0.262 | 0.131 | 0.169 | 0.035 | 0.774 |
| 多物流商 | 0.081 | 0.251 | 0.286 | 0.050 | 0.114 | 0.638 |
| 产品延迟 | −0.034 | 0.080 | 0.310 | 0.240 | 0.469 | 0.289 |
| 海关通关效率低 | −0.134 | 0.688 | 0.083 | 0.156 | 0.130 | 0.251 |
| 汇率变化 | −0.116 | 0.517 | 0.173 | 0.013 | 0.466 | 0.452 |
| 退货过程中重复运输与无效成本 | 0.267 | −0.025 | −0.107 | 0.064 | 0.038 | −0.285 |
| 过多产品被退回 | 0.369 | −0.114 | 0.029 | 0.049 | −0.206 | −0.253 |
| 退货策略不当 | 0.229 | 0.094 | 0.130 | −0.094 | 0.551 | 0.082 |
| 供应链合作道德风险 | 0.086 | 0.328 | 0.759 | 0.117 | 0.008 | 0.155 |
| 供应链合作利益分配风险 | 0.062 | 0.232 | 0.775 | 0.140 | 0.178 | 0.015 |
| 供应链合作文化差异风险 | 0.057 | 0.122 | 0.798 | 0.150 | 0.205 | 0.093 |

对表 7-4 进行分析之后，进行指标筛选，选择 0.5 以上的风险因素，因子 1 包括：市场需求预测不准确、客户订单中应急订单和加急订单、企业对供应链上下游企业供应链需求量理解错误、生产计划不合理、采购需求不准确；因子 2 包括：政治形势变化、国内外经济环境变化、采购价格变动、海关通关效率低、汇率变化；因子 3 包括：供应链合作道德风险、供应链合作利益分配风险、供应链合作文化差异风险；因子 4 包括：无法获取准确的供应商信息、采购合同不规范、原材料交货延迟、原材料质量不合格、原材料库存过高；因子 5 包括：生产活动不合理及生产能力弹性不足、生产设备不能满足生产需求、产品质量不合格；因子 6 包括：运输模式不适应、多物流商、退货策略不当，共 24 个风险因素。

## 7.4.5 基于 MATLAB 的 BP 神经网络对 A 公司风险因素评估实现

**（1）数据的采集与处理**

根据前面问卷收集后的数据，筛选出 A 公司的 24 个风险因素的数据，其中 100 份数据作为训练样本，20 份数据作为测试样本，部分数据如表 7-5 所示。

表 7-5　BP 神经网络的样本数据

| 风险因数 | 1 | 2 | 3 | 4 | 5 | 6 | 7 | 8 | 9 | … | … | 120 |
|---|---|---|---|---|---|---|---|---|---|---|---|---|
| $X_1$ | 2 | 5 | 3 | 4 | 4 | 2 | 5 | 4 | 3 | … | … | 4 |
| $X_2$ | 4 | 5 | 4 | 4 | 3 | 2 | 5 | 4 | 3 | … | … | 1 |
| $X_3$ | 4 | 3 | 5 | 4 | 4 | 4 | 3 | 5 | 3 | … | … | 2 |
| $X_4$ | 2 | 3 | 5 | 4 | 4 | 2 | 4 | 3 | 3 | … | … | 2 |
| $X_5$ | 4 | 4 | 5 | 4 | 2 | 3 | 4 | 5 | 3 | … | … | 2 |
| $X_6$ | 4 | 5 | 5 | 4 | 1 | 2 | 4 | 3 | 3 | … | … | 4 |
| $X_7$ | 2 | 3 | 5 | 4 | 4 | 3 | 4 | 5 | 3 | … | … | 3 |
| $X_8$ | 2 | 5 | 4 | 4 | 2 | 2 | 4 | 3 | 3 | … | … | 4 |
| $X_9$ | 5 | 5 | 4 | 4 | 4 | 2 | 4 | 3 | 3 | … | … | 4 |
| $X_{10}$ | 4 | 4 | 5 | 4 | 3 | 3 | 4 | 3 | 3 | … | … | 4 |
| $X_{11}$ | 3 | 3 | 5 | 4 | 4 | 2 | 4 | 2 | 3 | … | … | 5 |
| $X_{12}$ | 4 | 4 | 4 | 4 | 5 | 2 | 3 | 4 | 3 | … | … | 3 |
| $X_{13}$ | 3 | 3 | 4 | 4 | 3 | 2 | 4 | 3 | 3 | … | … | 3 |
| $X_{14}$ | 4 | 3 | 4 | 4 | 4 | 3 | 4 | 2 | 3 | … | … | 2 |
| $X_{15}$ | 5 | 4 | 5 | 4 | 2 | 2 | 2 | 2 | 3 | … | … | 3 |
| $X_{16}$ | 5 | 5 | 4 | 4 | 3 | 3 | 4 | 5 | 3 | … | … | 3 |
| $X_{17}$ | 3 | 4 | 5 | 4 | 2 | 3 | 4 | 3 | 3 | … | … | 3 |
| $X_{18}$ | 1 | 3 | 3 | 4 | 4 | 2 | 3 | 3 | 3 | … | … | 3 |
| $X_{19}$ | 4 | 3 | 4 | 4 | 2 | 3 | 4 | 2 | 3 | … | … | 4 |
| $X_{20}$ | 2 | 3 | 5 | 4 | 2 | 1 | 3 | 3 | 3 | … | … | 1 |
| $X_{21}$ | 2 | 2 | 4 | 4 | 3 | 3 | 5 | 2 | 3 | … | … | 5 |
| $X_{22}$ | 3 | 5 | 5 | 4 | 2 | 2 | 4 | 5 | 3 | … | … | 4 |
| $X_{23}$ | 3 | 5 | 5 | 4 | 4 | 2 | 4 | 4 | 3 | … | … | 4 |
| $X_{24}$ | 4 | 4 | 4 | 4 | 4 | 3 | 4 | 3 | 3 | … | … | 5 |

（2）BP 神经网络期望值的确定

确定 BP 神经网络期望值的输出需要加权求和，本章采用因子分析法确定 BP 神经网络期望值的输出。将上面筛选出来的 24 个风险因素的 120 份数据先进行因子分析，利用旋转方差矩阵对数据进行加权，然后再利用解释的总方差中方差进行加权求和，计算出期望值。

① 首先进行 KMO 均值检验，由表 7-6 可知，因为检验结果中 Sig. 为 0，拒绝假设。且 KMO 值为 0.802，大于 0.7，说明这次数据很适合进行因子分析。

表 7-6 KMO 和巴特利特球形检验

| KMO | | 0.802 |
|---|---|---|
| 巴特利特球形检验 | Approx. Chi-Square | 1154.290 |
| | df | 276 |
| | Sig. | 0.000 |

② 对数据进行因子分析，因为数据过多，且一定程度上存在误差，对其提取了 8 个因子，见表 7-7。从解释的总方差表（表 7-8，Cumulative ％）中提取的 8 个因子能反映 70.532％的信息，此次提取还是能反映大部分信息的。

表 7-7 因子分析

| 风险因素 | 因子 | | | | | | | |
|---|---|---|---|---|---|---|---|---|
| | 1 | 2 | 3 | 4 | 5 | 6 | 7 | 8 |
| 政治形势变化 | 0.367 | 0.300 | -0.270 | -0.250 | 0.213 | -0.385 | 0.458 | -0.150 |
| 国内外经济环境变化 | 0.691 | -0.296 | 0.053 | -0.199 | 0.234 | -0.065 | -0.045 | -0.020 |
| 市场需求预测不准确 | 0.505 | -0.249 | 0.297 | 0.145 | 0.371 | 0.066 | 0.072 | 0.311 |
| 客户订单中应急订单和加急订单 | 0.725 | -0.344 | 0.093 | 0.058 | 0.206 | 0.247 | 0.042 | 0.013 |
| 生产计划不合理 | 0.705 | -0.281 | 0.181 | -0.015 | -0.119 | 0.233 | -0.082 | 0.093 |
| 采购需求不准确 | 0.703 | 0.066 | -0.243 | -0.060 | -0.077 | 0.222 | -0.146 | 0.053 |
| 无法获取准确的供应商信息 | 0.583 | 0.077 | 0.029 | 0.404 | -0.245 | -0.109 | -0.272 | 0.293 |
| 采购合同不规范 | 0.453 | 0.150 | -0.515 | 0.384 | -0.158 | 0.186 | 0.226 | 0.050 |
| 原材料交货延迟 | 0.635 | -0.065 | -0.045 | 0.093 | -0.101 | -0.316 | 0.337 | 0.129 |
| 原材料质量不合格 | 0.646 | -0.010 | -0.191 | -0.003 | -0.239 | -0.309 | -0.157 | 0.087 |
| 原材料库存过高 | 0.352 | 0.260 | -0.472 | -0.164 | 0.273 | -0.064 | -0.173 | 0.206 |
| 采购价格变动 | -0.156 | 0.773 | 0.091 | -0.063 | -0.038 | -0.003 | -0.095 | 0.054 |
| 生产活动不合理 | 0.321 | 0.279 | 0.647 | 0.236 | -0.151 | -0.193 | 0.071 | -0.098 |
| 生产设备不能满足生产需求 | 0.563 | -0.134 | 0.492 | 0.098 | 0.002 | 0.100 | 0.287 | 0.017 |
| 生产能力弹性不足 | 0.435 | 0.161 | 0.520 | -0.424 | -0.031 | 0.205 | -0.048 | -0.192 |
| 产品质量不合格 | 0.563 | 0.417 | 0.122 | -0.237 | -0.143 | -0.252 | -0.261 | 0.043 |
| 运输模式不适应 | 0.619 | 0.248 | 0.023 | 0.067 | -0.166 | -0.069 | -0.147 | -0.433 |
| 多物流商 | 0.665 | 0.071 | -0.196 | -0.353 | 0.190 | 0.049 | -0.086 | -0.050 |
| 海关通关效率低 | 0.135 | 0.572 | -0.017 | -0.131 | -0.467 | 0.307 | 0.262 | -0.065 |

续表

| 风险因素 | 因子 | | | | | | | |
|---|---|---|---|---|---|---|---|---|
| | 1 | 2 | 3 | 4 | 5 | 6 | 7 | 8 |
| 汇率变化 | 0.135 | 0.334 | 0.149 | 0.497 | 0.432 | −0.085 | −0.212 | −0.429 |
| 退货策略不当 | 0.433 | 0.203 | −0.508 | 0.169 | 0.116 | 0.299 | 0.110 | −0.251 |
| 供应链合作道德风险 | 0.007 | 0.812 | −0.083 | 0.118 | 0.116 | −0.044 | 0.090 | 0.160 |
| 供应链合作利益分配风险 | −0.163 | 0.783 | 0.070 | −0.020 | 0.170 | 0.202 | −0.188 | 0.188 |
| 供应链合作文化差异风险 | −0.036 | 0.618 | 0.366 | −0.004 | 0.225 | 0.076 | 0.233 | 0.220 |

③ 根据表 7-7 的数据,将其作为权值对 120 份数据进行加权求和,运用式(7-12)(其中 $x$ 代表各风险因素得分,$a$ 表示表 7-7 中因子),求出样本加权值,然后按照 8 个因子旋转平方和载入中的方差的百分比(表 7-8,% of Variance)作为权重,计算出期望值

$$y = \sum_{i=1}^{24} a_i x_i \tag{7-12}$$

在本章中,期望值计算如下

期望值 $= 0.131 y_1 + 0.130 y_2 + 0.100 y_3 + 0.086 y_4 + 0.082 y_5 + 0.068 y_6 + 0.057 y_7 + 0.048 y_8$

表 7-8 解释的总方差表

| Component | Initial Eigenvalues | | | Extraction Sums of Squared Loadings | | | Rotation Sums of Squared Loadings | | |
|---|---|---|---|---|---|---|---|---|---|
| | Total | % of Variance | Cumulative % | Total | % of Variance | Cumulative % | Total | % of Variance | Cumulative % |
| 1 | 5.901 | 24.590 | 24.590 | 5.901 | 24.590 | 24.590 | 3.150 | 13.125 | 13.125 |
| 2 | 3.635 | 15.145 | 39.734 | 3.635 | 15.145 | 39.734 | 3.142 | 13.093 | 26.218 |
| 3 | 2.212 | 9.218 | 48.952 | 2.212 | 9.218 | 48.952 | 2.410 | 10.043 | 36.261 |
| 4 | 1.218 | 5.075 | 54.027 | 1.218 | 5.075 | 54.027 | 2.061 | 8.586 | 44.847 |
| 5 | 1.148 | 4.783 | 58.810 | 1.148 | 4.783 | 58.810 | 1.978 | 8.241 | 53.088 |
| 6 | 0.967 | 4.031 | 62.840 | 0.967 | 4.031 | 62.840 | 1.641 | 6.839 | 59.927 |
| 7 | 0.959 | 3.995 | 66.835 | 0.959 | 3.995 | 66.835 | 1.382 | 5.759 | 65.686 |
| 8 | 0.887 | 3.698 | 70.532 | 0.887 | 3.698 | 70.532 | 1.163 | 4.846 | 70.532 |
| 9 | 0.816 | 3.401 | 73.934 | | | | | | |
| 10 | 0.738 | 3.077 | 77.011 | | | | | | |
| 11 | 0.649 | 2.705 | 79.716 | | | | | | |

续表

| Component | Initial Eigenvalues | | | Extraction Sums of Squared Loadings | | | Rotation Sums of Squared Loadings | | |
|---|---|---|---|---|---|---|---|---|---|
| | Total | % of Variance | Cumulative % | Total | % of Variance | Cumulative % | Total | % of Variance | Cumulative % |
| 12 | 0.618 | 2.574 | 82.290 | | | | | | |
| 13 | 0.555 | 2.314 | 84.604 | | | | | | |
| 14 | 0.509 | 2.121 | 86.725 | | | | | | |
| 15 | 0.449 | 1.871 | 88.596 | | | | | | |
| 16 | 0.437 | 1.821 | 90.417 | | | | | | |
| 17 | 0.380 | 1.583 | 92.000 | | | | | | |
| 18 | 0.364 | 1.517 | 93.518 | | | | | | |
| 19 | 0.343 | 1.428 | 94.946 | | | | | | |
| 20 | 0.293 | 1.220 | 96.166 | | | | | | |
| 21 | 0.276 | 1.150 | 97.317 | | | | | | |
| 22 | 0.250 | 1.042 | 98.358 | | | | | | |
| 23 | 0.216 | 0.900 | 99.259 | | | | | | |
| 24 | 0.178 | 0.741 | 100.000 | | | | | | |

④ 计算出的期望值如表 7-9 所示。

表 7-9　BP 神经网络期望值的输出

| 样本 | $y_1$ | $y_2$ | $y_3$ | $y_4$ | $y_5$ | $y_6$ | $y_7$ | $y_8$ | 期望值 |
|---|---|---|---|---|---|---|---|---|---|
| 样本 1 | 32.66 | 15.45 | 5.424 | −0.88 | 0.239 | 0.544 | 1.039 | 1.963 | 6.991 |
| 样本 2 | 37.95 | 19.87 | 1.461 | 0.095 | 1.862 | −0.17 | 1.371 | 1.665 | 8.039 |
| 样本 3 | 44.33 | 20.88 | 3.343 | 2.368 | 2.598 | 1.773 | −0.74 | 1.501 | 9.456 |
| 样本 4 | 39.54 | 18.97 | 2.38 | 1.395 | 2.453 | 1.194 | 1.109 | 0.908 | 8.425 |
| 样本 5 | 29.81 | 14.18 | 2.489 | 0.571 | 3.445 | −0.63 | 1.739 | 2.486 | 6.53 |
| 样本 6 | 24.35 | 10.61 | 1.836 | 0.695 | 0.13 | 1.024 | 0.813 | 1.195 | 5.016 |
| 样本 7 | 39.02 | 17.93 | 0.273 | 1.736 | 2.122 | 0.607 | 2.049 | 0.983 | 8.027 |
| 样本 8 | 33.21 | 16.28 | 2.804 | 1.796 | 2.484 | −0.41 | −0.38 | 2.834 | 7.217 |
| 样本 9 | 29.66 | 14.23 | 1.785 | 1.047 | 1.84 | 0.896 | 0.832 | 0.681 | 6.319 |
| 样本 10 | 28.68 | 9.876 | 0.47 | 0.913 | 0.637 | −0.17 | 1.284 | 1.727 | 5.382 |
| ... | ... | ... | ... | ... | ... | ... | ... | ... | ... |
| 样本 120 | 29.79 | 19.93 | −2.2 | 0.298 | 0.732 | 1.037 | 2.25 | 1.945 | 6.679 |

### (3) BP 神经网络的建立

① 隐含层节点数的确定。由前述可知,隐含层的节点数由公式 $l=\sqrt{m+n}+a$ 确定,$m$ 为输入层节点数,$n$ 为输出层节点数,$a$ 的取值范围是 1～10,输入层节点数为 24,输出层节点数为 1,所以隐含层节点数范围在 6～15 之间取值。本章通过观察预测值与实际值的拟合程度来选出最优的隐含层节点数。

根据上一节的分析,设定隐含层的激活函数为 logsig 函数,输出层的激活函数为 purelin 函数,训练函数选取 trainlm 函数,训练次数为 4000 次,学习步长为 0.5,最小均方误差为 1e-4,将 100 个训练样本带入进去,隐含层节点数分别是 6～15 时,得出这 100 个训练样本与期望值之间的误差,再将这些误差值进行均值和方差计算,计算发现,当隐含层节点数在 13 时,误差均值更接近于 0,方差最小。

表 7-10 隐含层节点数为 6～15 时训练值的误差

| 节点数 | 1 | 2 | 3 | … | 100 | 均值 | 方差 |
| --- | --- | --- | --- | --- | --- | --- | --- |
| $l=6$ | 0.00384 | 0.00163 | 0.00101 | … | −0.00072 | −0.00013 | 3.46E-06 |
| $l=7$ | −0.00105 | −0.00102 | 0.00098 | … | −0.00128 | −0.00065 | 1.13E-06 |
| $l=8$ | −0.00162 | −0.00310 | −0.00061 | … | −0.00023 | −0.00097 | 7.59E-07 |
| $l=9$ | −0.00139 | −0.00036 | −0.00176 | … | 0.00041 | −0.00032 | 4.53E-07 |
| $l=10$ | 0.00010 | 0.00043 | 0.00013 | … | 0.00221 | 0.00049 | 4.74E-07 |
| $l=11$ | 0.00002 | 0.00154 | 0.00018 | … | −0.00038 | −0.00016 | 4.31E-07 |
| $l=12$ | 0.00027 | −0.00033 | −0.00041 | … | −0.00073 | −0.00035 | 2.82E-07 |
| $l=13$ | −0.00014 | −0.00001 | −0.0001 | … | 0.00001 | −0.00003 | 1.22E-07 |
| $l=14$ | 0.00045 | 0.00037 | 0.00035 | … | 0.00016 | 0.00051 | 4.77E-07 |
| $l=15$ | 0.00003 | 0.00010 | 0.00019 | … | 0.00027 | 0.00071 | 3.94E-07 |

同时,误差曲线如图 7-10～图 7-12 所示,当隐含层节点数为 13 时,曲线在 0 附近摆动,误差值最小,且满足模型要求。

② 网络训练。将前 100 份数据带入 BP 模型中训练,训练界面如图 7-13 所示。

由图 7-13 可知,首先最上面的 Neural Network(神经网络)是构建的 BP 神经网络模型,有 24 个输入,隐含层节点数为 13,输出为 1,激活函数为 logsig 函数和 purelin 函数。在中间 Progress(进程)这一部分,Epoch 表示迭代次数,迭代次数是 4000,此次训练用了 5 次迭代就满足要求了;Time 表示训练花费的时

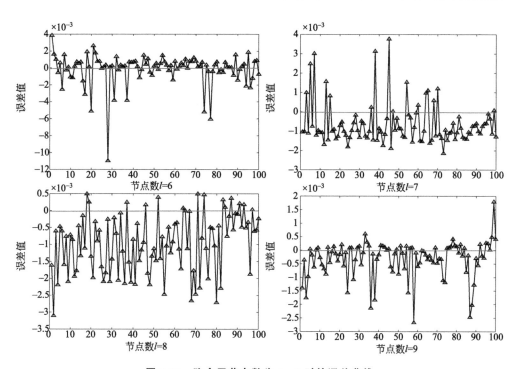

图 7-10 隐含层节点数为 6~9 时的误差曲线

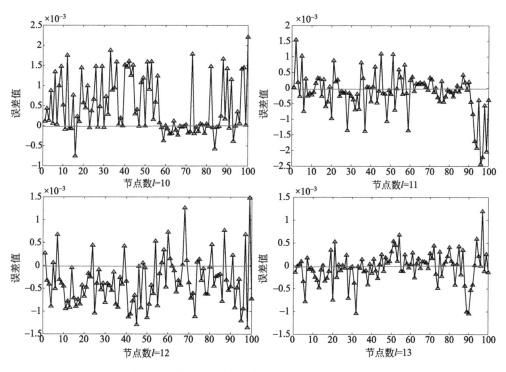

图 7-11 隐含层节点数为 10~13 时的误差曲线

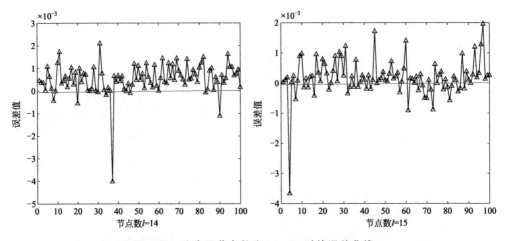

图 7-12　隐含层节点数为 14、15 时的误差曲线

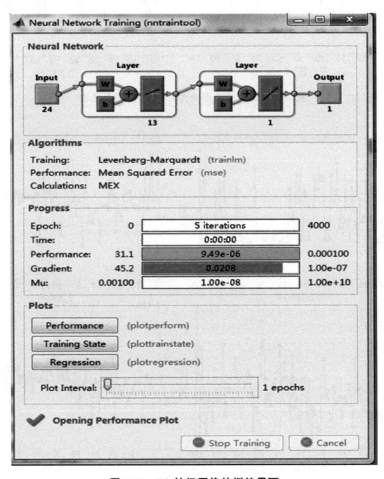

图 7-13　BP 神经网络的训练界面

间；Performance（性能）为 9.19e-06，小于 0.000100；Gradient（梯度）为 0.0208；Mu（动力因素）为 1.00e-08。网络训练情况如图 7-14～图 7-16 所示，其中图 7-16 大部分的数据（Date）落在线上，说明该模型性能越好。

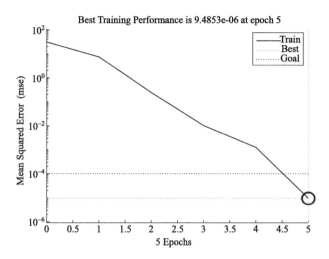

图 7-14　BP 神经网络训练时的性能

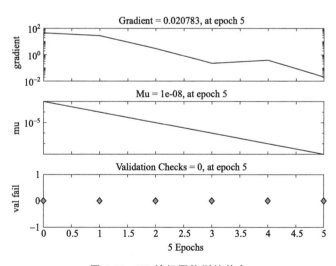

图 7-15　BP 神经网络训练状态

③ 网络测试。上文我们已经建立了完整的供应链风险评价模型，但是该模型的可靠性有待验证。现在将 20 份测试样本数据代入来验证模型的有效性。输入数据到模型之后，让输出值与期望值进行比较，观察其误差大小，以及实际值与预测值的拟合程度。测试结果如图 7-17 所示。

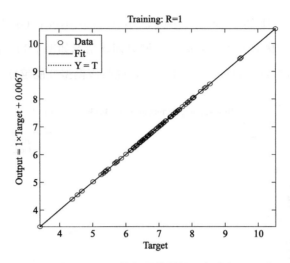

图 7-16　BP 神经网络训练回归分析

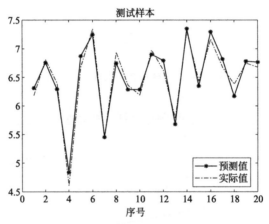

图 7-17　预测值与实际值的拟合程度

在图 7-17 中，点画线代表 20 个测试样本的实际值，细实线表示通过 BP 神经网络模型的预测值，从图中我们看到，实际值和预测值拟合效果还是很好的，但是预测值和真实值之间有一定差距，这个差距就可以帮助我们判断模型是否可信。在图 7-18 中，可以看到预测的相对误差为 $-0.05 \sim 0.04$，在图 7-19 中，可以看到测试样本预测误差为 $-0.25 \sim 0.25$，可知误差均低于 5%，而一般情况下低于 10% 的误差可以满足实际应用对精度的需要，所以，该模型可准确地对跨国制造企业供应链风险进行评估。

④ 模型调整后的权值分析。供应链风险因素评估结果出来之后，需要依据调整后的权值来判断各因素风险的大小。输入层中每个神经元到输出层中存在很多条路径，将这些路径的权重相乘，即可获得各个因素对供应链风险整体的影响程度。

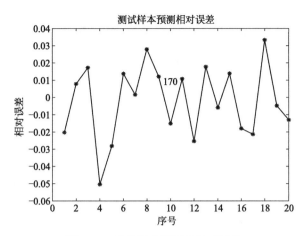

图 7-18 测试样本预测的相对误差

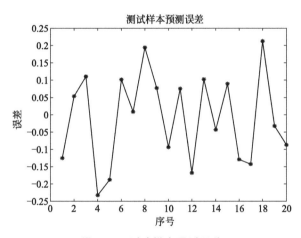

图 7-19 测试样本预测误差

当网络达到稳定之后，输入层到隐含层之间权值为：

$$\begin{bmatrix} 0.0082 & 0.2018 & -0.4021 & 0.2633 & -0.7219 & 0.4697 & 0.2884 & -0.0844 \\ -0.1269 & 0.4520 & -0.2572 & 0.0199 & 0.3829 & 0.1430 & 0.1066 & 0.1119 \\ -0.0627 & -0.5609 & -0.3500 & 0.2938 & -0.3103 & -0.4253 & 0.6522 & 0.1612 \\ -0.0114 & -0.1783 & 0.3727 & 0.1728 & 0.0228 & 0.0732 & 0.1007 & -0.2309 \\ -0.0912 & 0.1335 & 0.1538 & 0.3355 & -0.0235 & -0.0157 & -0.0860 & 0.0504 \\ -0.4858 & -0.0353 & -0.2236 & -0.6805 & -0.0040 & -0.0574 & 0.1047 & -0.6839 \\ -0.3449 & -0.6444 & 0.0518 & -0.3475 & -0.9243 & 0.1586 & -0.3120 & 0.2926 \\ 0.2472 & 0.4072 & 0.0367 & -0.4531 & 0.3864 & -0.0004 & 0.2204 & 0.2637 \\ 0.3330 & 0.3723 & -0.2819 & -0.1447 & 0.0542 & -0.3466 & 0.1501 & -0.2743 \\ 0.0256 & 0.3723 & 0.3790 & 0.4379 & 0.4546 & -0.0216 & -0.2436 & -0.7542 \\ 0.1507 & -0.3032 & -0.3978 & -0.4785 & -0.0121 & -0.1931 & 0.4780 & 0.5961 \\ 0.0996 & -0.0434 & -0.8382 & -0.1455 & -0.4261 & -0.6329 & 0.0874 & 0.2453 \\ 0.1342 & -0.1483 & 0.6355 & -0.2894 & -0.0379 & 0.1246 & -0.1812 & -0.3291 \end{bmatrix}$$

$$\begin{bmatrix}
-0.3336 & -0.2196 & 0.1081 & 0.6677 & 0.3670 & 0.5682 & -0.1696 & -0.0190 \\
0.0139 & 0.2658 & -0.1563 & 0.0883 & 0.4876 & 0.2493 & 0.2310 & -0.2248 \\
-0.1186 & 0.2368 & -0.3390 & -0.0292 & 0.6564 & -0.1838 & -0.2339 & 0.4023 \\
-0.0793 & 0.2402 & 0.0958 & 0.2627 & -0.1310 & -0.0261 & -0.0120 & 0.2863 \\
-0.0777 & -0.1934 & -0.1851 & 0.2099 & 0.0284 & 0.3409 & -0.2347 & 0.3144 \\
-0.5887 & 0.1727 & -0.0456 & 0.6025 & -0.4486 & -0.1847 & -0.2063 & -0.3667 \\
0.2474 & -0.4659 & -0.5759 & -0.1098 & 0.2392 & -0.2066 & -0.2797 & -0.3045 \\
0.2009 & -0.0470 & 0.2743 & -0.3806 & 0.1874 & 0.0148 & 0.4516 & -0.2722 \\
-0.7353 & -0.1730 & -0.1108 & 0.5010 & -0.4937 & 0.2006 & -0.3289 & -0.0637 \\
0.3592 & 0.1276 & 0.1294 & -0.5396 & -0.1154 & -0.5042 & 0.2437 & -0.4044 \\
0.4558 & -0.0759 & -0.0546 & -0.3010 & 0.4130 & 0.0540 & 0.2391 & 0.0635 \\
-0.9496 & -0.5255 & 0.1571 & -0.1133 & -0.4885 & -0.3948 & -0.3060 & -0.2663 \\
-0.0609 & -0.2764 & -0.6151 & -0.5668 & -0.0700 & 0.0319 & 0.2801 & 0.1802
\end{bmatrix}$$

$$\begin{bmatrix}
0.0664 & -0.4420 & -0.2800 & 0.4536 & 0.3385 & 0.3661 & -0.0497 & -0.5292 \\
-0.3679 & 0.1247 & 0.0527 & 0.2407 & 0.0845 & 0.4715 & 0.4774 & -0.2719 \\
0.6736 & 0.1812 & 0.0983 & 0.4061 & 0.2285 & 0.3843 & -0.0545 & 0.1452 \\
0.1487 & 0.0959 & 0.1380 & -0.0465 & 0.0327 & 0.2121 & 0.0654 & 0.3942 \\
-0.0340 & 0.4035 & 0.1174 & 0.1146 & 0.2144 & -0.0326 & -0.0599 & 0.1548 \\
0.4235 & -0.1610 & 0.0808 & 0.2293 & 0.6466 & 0.1986 & 0.0469 & -0.0722 \\
-0.9536 & 0.3693 & 0.3213 & 0.2397 & 0.3786 & 0.3876 & 1.0779 & 0.3016 \\
0.4417 & -0.1798 & 0.0174 & 0.2294 & 0.1905 & -0.1836 & 0.1228 & 0.1701 \\
-0.3423 & 0.3798 & -0.0662 & 0.1890 & -0.2773 & 0.6067 & -0.3332 & -0.1159 \\
-0.3941 & 0.3558 & 0.0449 & 0.0124 & -0.1362 & -0.6724 & -0.1218 & -0.6609 \\
0.0963 & -0.4576 & -0.2266 & 0.1029 & -0.0279 & 0.1741 & 0.3602 & 0.4279 \\
-0.3295 & -0.6581 & -0.3695 & -0.5275 & -0.0432 & -0.4366 & -0.2447 & -0.7278 \\
-0.1343 & 0.0903 & -0.3160 & -0.3590 & 0.0953 & -0.5356 & -0.0580 & -0.4817
\end{bmatrix}$$

先对每一个隐含层神经元节点的权值进行相乘，发现在 13 个隐含层节点中，第 7 个隐含层节点数的权值最大，其他的权值较小，不做考虑。所以，输入层到隐含层的权值列为表 7-11。

表 7-11　输入层到隐含层的权值

| 输入层 | $S_1$ | $S_2$ | $S_3$ | $S_4$ | $S_5$ | $S_6$ | $S_7$ | $S_8$ |
| --- | --- | --- | --- | --- | --- | --- | --- | --- |
| 权值 | -0.3449 | -0.6444 | 0.0518 | -0.3475 | -0.9243 | 0.1586 | -0.3120 | 0.2926 |
| 输入层 | $S_9$ | $S_{10}$ | $S_{11}$ | $S_{12}$ | $S_{13}$ | $S_{14}$ | $S_{15}$ | $S_{16}$ |
| 权值 | 0.2474 | -0.4659 | -0.5759 | -0.1098 | 0.2392 | -0.2066 | -0.2797 | -0.3045 |
| 输入层 | $S_{17}$ | $S_{18}$ | $S_{19}$ | $S_{20}$ | $S_{21}$ | $S_{22}$ | $S_{23}$ | $S_{24}$ |
| 权值 | -0.9536 | 0.3693 | 0.3213 | 0.2397 | 0.3786 | 0.3876 | 1.0779 | 0.3016 |

隐含层到输出层的权值为：

$$[0.4621 \quad 2.6553 \quad 1.2048 \quad 1.8136 \quad 0.9872 \quad -0.4826 \quad 0.2354 \quad 1.5379$$
$$-0.0838 \quad 0.8631 \quad 0.6412 \quad 0.6103 \quad -0.4988]$$

在隐含层到输出层中，其中最大的为 $N=2.65553$。再把输入层到输出层之间的权值计算出来，权值 $W=S\times N$，计算结果如表 7-12 所示。

表 7-12 输入层到输出层的权值

| 输入层 | $W_1$ | $W_2$ | $W_3$ | $W_4$ | $W_5$ | $W_6$ | $W_7$ | $W_8$ |
| --- | --- | --- | --- | --- | --- | --- | --- | --- |
| 权值 | −0.9159 | −1.7112 | 0.1375 | −0.9227 | −2.4543 | 0.4212 | −0.8284 | 0.7771 |
| 输入层 | $W_9$ | $W_{10}$ | $W_{11}$ | $W_{12}$ | $W_{13}$ | $W_{14}$ | $W_{15}$ | $W_{16}$ |
| 权值 | 0.6570 | −1.2370 | −1.5292 | −0.2917 | 0.6350 | −0.5487 | −0.7427 | −0.8087 |
| 输入层 | $W_{17}$ | $W_{18}$ | $W_{19}$ | $W_{20}$ | $W_{21}$ | $W_{22}$ | $W_{23}$ | $W_{24}$ |
| 权值 | −2.5321 | 0.9806 | 0.8531 | 0.6364 | 1.0053 | 1.0291 | 2.8621 | 0.8007 |

我们把权值在 1 以上的称为高风险因素，0.5～1.0 的为中高风险因素，−0.5～0.5 的为中度风险因素，−1～−0.5 的为中低风险因素，小于−1 的为低风险因素。对表 7-12 中的权值进行划分，高风险因素有供应链合作利益分配风险、供应链合作道德风险和退货策略不当；中高风险因素有多物流商、海关通关效率低、供应链合作文化差异风险、采购合同不规范、原材料交货延迟、汇率变化和生产活动不合理；中度风险因素有采购需求不准确、市场需求预测不准确和采购价格变动；中低风险因素有生产设备不能满足生产需求、生产能力弹性不足、产品质量不合格、无法获取准确的供应商信息、政治形势变化和客户订单中应急订单和加急订单；低风险因素有原材料质量不合格、原材料库存过高、国内外经济环境变化、生产计划不合理和运输模式不适应。

## 7.4.6　A 公司跨境供应链风险管理

**(1) 各等级风险因素应对方案**

① 高风险因素。对于高风险因素，A 公司要高度重视，密切监视风险因素，相关部门负责人应该立即采取措施来规避减轻风险，制订应急计划，降低供应链风险等级。如果采取了相关措施，供应链风险等级还没有达到平稳水平，需要对这些风险因素进行监视，进一步分析其原因，加强管控。

② 中高风险因素。对于中高风险因素，这些因素极不稳定，当外界环境发生变化时，极有可能转化为高风险因素。企业应该密切监视，做好应对措施，防止这些因素转为高风险因素。

③ 中度风险因素。在这种情况下，A 公司供应链风险因素处于一般水平，存

在个别具有较高风险水平的因素对供应链安全造成威胁，应采取必要的监控措施。根据监控情况，提前采取措施规避风险。

④ 中低风险因素。中低风险因素表示 A 公司因为这些因素产生风险的概率较小，这些因素会引起企业严重危机的概率较小，即使个别因素会对企业产生影响，但在实际情况下还是可控的。

⑤ 低风险因素。低风险因素表示这些因素几乎不会对企业造成影响，这些风险因素可以忽略，在这种情况下，企业只要进行监测就行。

**（2）A 公司供应链风险管理对策建议**

供应链管理能够给企业带来巨大的收益，但是如果不能规避供应链中的各种风险，也会导致巨大损失，供应链风险管理是供应链管理的重要一部分。第 5 章通过对 A 公司供应链风险水平进行评估，可以看到合作风险水平较高，一方面原因在于跨国合作中，受国际环境和文化差异的影响；另一方面在于双方在合作中地位、利益不一致。同时，我们可以看到，A 公司在物流以及海关方面带来的物流风险也较高，原材料交货延迟以及采购合同不规范带来的采购风险水平也较高。综合以上分析，对于 A 公司供应链风险的管理，包括以下几个方面的对策建议。

① 建立有效的激励和利益分配机制。在当前的环境下，各个企业为了获得比自己单独更高的利益，而加入合作，供应链合作能否顺利进行，不但影响着单个企业的经营，而且影响整个供应链的整体竞争力。对于 A 公司供应链风险评估可知，A 公司和它上下游的合作伙伴之间的利益分配因素属于高风险因素，应该加强管理。

在供应链合作中，为了使各个企业都能达到满意的效果，A 公司尽可能采取一些激励机制，在一些阶段实施激励。首先，供应链利益分配很大一部分体现在价格上，它包含了企业获得的利润，以及反映了各企业获得额外的收益和损失的平衡，价格激励能很好地增强合作企业的积极性，有利于合作的顺利稳定进行。其次，信息激励对各企业也很重要，企业获得更多的信息，其能更早地预测市场需求，从而减少损失，而且信息激励有助于促进上下游的沟通以及信息的快速传递。另外，信息激励对信息不对称还有一定的督促作用。A 公司还可以进行订单和商誉方面的激励，有利于从利益机制上诱导和激励合作伙伴与整个供应链系统同呼吸、共命运，增进合作伙伴紧密合作。最后淘汰激励可以让所有合作伙伴有危机意识，使各个合作伙伴获得利益的同时，也要承担自己的义务。

② 增进文化融合。A 公司合作伙伴涉及多个国家，各个国家的文化不一样，

其在信息传递与处理以及沟通交流方面存在差异。增进文化融合，减少它们之间的差异，使合作关系更为密切，合作伙伴目标趋于一致，这对跨国制造企业非常重要。目前，A公司在此风险领域属于较高风险因素。

首先A公司和合作伙伴之间应该建立共同的愿景，大家朝着一个大方向努力，使合作目标趋于一致。企业相互之间进行学习与融合，建立相同正确的价值观。对于一些重要的管理体系，应建立统一有效的机制来进行规范，减少碰撞。其次，增进文化融合很重要的一步是多交流，一方面学习相关国家的语言，这是沟通的基础，另一方面在交流中注意各个国家的习惯以及特点，进行良好的沟通。然后，就是要建立和谐的人际关系。在供应链合作中，总会面临一些由于文化冲突带来的问题，应该理解他国文化，尊重其他国家的文化特点，提高文化的兼容性和宽容度，以良好的态度对待他国文化，和平共处，为供应链合作营造一个好的合作环境。

③ 优化物流运输。跨国制造企业的运输，涉及跨境物流，这部分会影响企业的运营和发展，而A公司在这方面风险领域属于中高风险因素。

A公司没有自己的物流运输体系，一般选择物流服务商，交给第三方物流企业进行运输货物。首先要选择合理的运输方式，A公司之前都是依据经验选择单独的火车、轮船或者飞机运输。目前，A公司可以考虑多式联运的方式，在多种运输方式下进行组合，保证货物及时安全送达的同时，考虑费用最低的运输方式。其次选择合理的运输路线，综合考虑运输方式、人员的调配，以及中转点的地理位置以及便利情况，正确规划运输路线。然后要选择合理的运输服务商，A公司产品运输有多个运输服务商，加强与第三方运输服务商的合作，同时一定程度上加大对运输途中的监管。对各家运输服务商进行收集资料，对运输服务质量、运输价格等因素进行考核。

④ 重视柔性化设计，保持供应链的弹性。A公司供应链中存在着需求的不确定性，企业对市场需求预测不准确，以及后续中由需求引起的采购需求不准确，生产活动安排不合理。

供应链柔性是指对市场动态需求做出反应的能力，通过设计柔性化的供应链，才能快速响应市场变化的需求，应对快速变化的外部环境，提高市场竞争力。供应链的柔性一部分体现在供应链管理上，A公司应该增强对不稳定情况的适应性，在新的市场竞争环境下，对生产和管理过程提出高质量、高柔性和低成本的要求。另一方面，A公司应该对组织结构进行调整，进行内部优化，在传递过程中减少损失，增加价值，使企业适应性更强，更加符合整体的目标。

⑤ 加强采购管理。A公司在采购方面的原材料延迟和采购合同不规范方面属于较高风险因素，一方面是由于供应商的供应能力不足以及跨国配送的影响；另一方面，A公司内部的制度不规范，各种机制设置不合理。

A公司采购风险的防范应从供应渠道或供应商的选择与强化采购制度控制两方面入手。要选择合适的供应商，不仅要看供应商提供的产品的价格，更要看他各方面的能力。首先，要提高纳入考虑的门槛，那些经常提供质量差产品的供应商、不守信用的供应商、服务差的供应商，即使价格再低，也应该不予考虑。然后，要对供应商进行考核与评估，建立符合公司的考核系统，针对供应商的基本情况、产品质量水平、供货能力、合作能力等进行严格考核，从中挑选进行长期合作。同时，还要注意，不要选择单一的供应商，防止产品出现中断供应的情况，尽量采用多头供应商的柔性供应机制。另一方面，企业要规范采购流程，合理分配采购任务，各种制度严格执行。

附 录

# A公司供应链风险调查问卷

各位朋友：您好！该问卷旨在调查 A 公司供应链风险因素，数据以匿名方式采集，仅供内部参考，不会以任何形式向无关方泄露，感谢填写！

**第一部分**

1. 请问供应链风险在贵公司影响程度高么？

☐ 基本无影响

☐ 影响一般

☐ 影响严重

2. 请问贵公司是否进行过供应链风险管理？

☐ 不进行

☐ 局部进行

☐ 全面进行

**第二部分**

下面是对 A 公司供应链风险因素的描述，请您根据经验进行打分！选择数字越大，风险越高。1——风险低，基本无风险；5——风险高。

| | A 公司供应链风险因素 | 1 | 2 | 3 | 4 | 5 |
|---|---|---|---|---|---|---|
| 外部环境 | 政治形势变化风险 | | | | | |
| | 国内外经济环境变化 | | | | | |
| | 自然环境变化 | | | | | |
| 计划 | 市场需求预测不准确 | | | | | |
| | 客户订单中的应急订单和加急订单 | | | | | |
| | 供应链管理出现问题 | | | | | |
| | 供应链库存控制管理缺乏系统性 | | | | | |
| | 供应链的计划制订不完全适应公司政策 | | | | | |
| | 生产计划不合理 | | | | | |
| 采购 | 采购需求不准确 | | | | | |
| | 供应商地域选择不当 | | | | | |
| | 对外国市场不熟悉 | | | | | |
| | 采购时机错误 | | | | | |
| | 无法获取准确的供应商信息 | | | | | |
| | 采购合同不规范 | | | | | |
| | 原材料交货延迟 | | | | | |

续表

| | A公司供应链风险因素 | 1 | 2 | 3 | 4 | 5 |
|---|---|---|---|---|---|---|
| 采购 | 原材料质量不合格 | | | | | |
| | 原材料仓库地址选择不当 | | | | | |
| | 原材料库存过高 | | | | | |
| | 采购价格变动 | | | | | |
| | 原材料付款交易不规范 | | | | | |
| 生产 | 生产活动不合理 | | | | | |
| | 生产线设计周期过长 | | | | | |
| | 生产设备不能满足生产需求 | | | | | |
| | 生产工艺制订不当 | | | | | |
| | 生产技术不成熟 | | | | | |
| | 生产能力弹性不足 | | | | | |
| | 生产人员安全意识淡薄 | | | | | |
| | 生产人员技术水平不达标 | | | | | |
| | 产品质量不合格 | | | | | |
| | 产品库存不合理 | | | | | |
| 配送 | 运输模式不适应 | | | | | |
| | 多物流商 | | | | | |
| | 产品延迟 | | | | | |
| | 海关通关效率低 | | | | | |
| | 汇率变化 | | | | | |
| 退货 | 退货过程中重复运输和无效成本 | | | | | |
| | 过多产品被退回 | | | | | |
| | 退货策略不当 | | | | | |
| 供应链合作 | 供应链合作道德风险 | | | | | |
| | 供应链合作利益分配风险 | | | | | |
| | 供应链合作文化差异风险 | | | | | |

## 参 考 文 献

[1] Tummala R, Schoenherr T. Assessing and Managing Risks Using the Supply Chain Risk Management Process (SCRMP)[J]. *Supply Chain Management: An International Journal*, 2011, 16(6): 474-483.

[2] Truong Quang H, Hara Y. Risks and performance in supply chain: the push effect[J]. *International Journal of Production Research*, 2018, 56(4): 1369-1388.

[3] Sirish Kumar Gouda, Haritha Saranga. Sustainable Supply Chains for Supply Chain Sustainability: Impact of Sustainability Efforts on Supply Chain Risk[J]. *International Journal of Production Research*, 2018, 56(17): 5820-5835.

[4] Mizgier KJ. Global Sensitivity Analysis and Aggregation of Risk in Multi-product Supply Chain Networks[J]. *International Journal of Production Research*, 2017; 55(1): 130-144.

[5] 程慧锦, 马有才. 基于 HHM 研究的跨国企业供应链风险识别[J]. 山东科技大学学报(社会科学版), 2017, 19(03): 84-90.

[6] 李继勇, 赵德彪, 张静. 基于 BP 神经网络的供应链风险预警研究[J]. 河北工程大学学报(自然科学版), 2011, 28(03): 83-87.